小学数学

教学策略与实践

◎ 丁新照／著

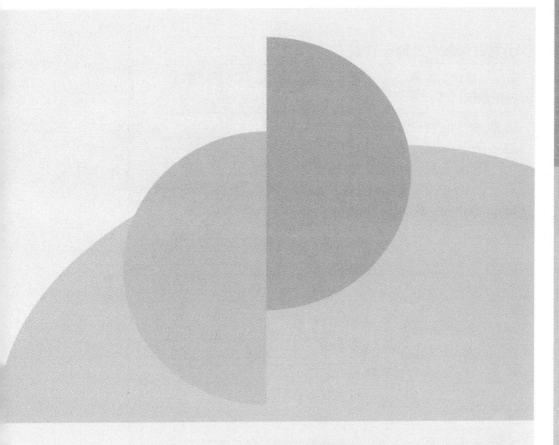

山西出版传媒集团

三晋出版社

图书在版编目（CIP）数据

小学数学教学策略与实践／丁新照著. --太原：
三晋出版社，2023.9

ISBN 978-7-5457-2808-8

Ⅰ. ①小⋯ Ⅱ. ①丁⋯ Ⅲ. ①小学数学课—教学研究
Ⅳ. ①G623.502

中国国家版本馆CIP数据核字(2023)第191306号

小学数学教学策略与实践

著　　者：	丁新照
责任编辑：	张　路

出 版 者：山西出版传媒集团·三晋出版社
地　　址：太原市建设南路21号
电　　话：0351-4956036（总编室）
　　　　　　0351-4922203（印制部）
网　　址：http://www.sjcbs.cn

经 销 者：新华书店
承 印 者：北京兴星伟业印刷有限公司

开　　本：720mm×1020mm　1/16
印　　张：10.75
字　　数：150千字
版　　次：2024年3月第1版
印　　次：2024年3月第1次印刷
书　　号：ISBN 978-7-5457- 2808-8
定　　价：59.00元

如有印装质量问题，请与本社发行部联系　电话：0351-4922268

前　　言

随着课程改革的深入推进,小学数学教学中各种新问题逐步凸显,其中许多深层次的问题需要系统的理论支撑才能解决,小学数学教学实践呼唤教与学理论的指导与引领。作为一名未来的或现在的小学数学教师应当全面了解和掌握小学数学教学的基本理论和方法,深入理解小学数学课程标准,独立分析小学数学教材和有效调控课堂教学的策略等。然而,教师缺乏相应的理论知识、教师认同的教学理念及理论与实际课堂教学行为割裂等一系列问题仍是阻碍小学数学教学优质化发展的顽疾。

在小学数学教学活动中,教师要加强对小学生学习情况的重视程度,不仅要充分体现出小学生在学习过程中的主体地位,还要有效激发小学生的学习兴趣,使小学生在学习和日常生活中能够主动学习数学知识。

在小学教育中,数学一直是学生学习的难点,但是小学数学对学生思维能力的提升起着非常重要的作用。因此,在小学数学教学的过程中,课堂教学目标、课堂教学模式、教学方法的创新至关重要,这不仅可以很好地提升学生数学的思维能力,还符合了当前学生学习的特点,为日后的教育奠定基础。创新是一个民族进步的灵魂,是一个国家兴旺发达的不竭动力。而课堂教学是培养学生创新精神的主渠道。在实际课堂教学中,教师要力求为学生创设一个平等、生动、活泼的教学氛围,引导学生学会自主探索问题,最大限度地挖掘学生的创新潜能,培养学生的创新素养。

教师在组织小学数学教学活动的过程中,要始终坚持学生在课堂上的主体地位,充分考虑小学生的成长需求和发展空间,激发小学生学习数学知识的兴趣,提升小学生在课堂上的参与度,促使小学生能主动进行数学知识的学习,有效提升小学生的自主学习能力,促进小学数学课堂整体教学效果的提升和教学质量的提高,为小学生今后更好地学习数学知识奠定坚实的基础以推动小学数学教学工作的有效开展。

编　者

2023 年 8 月

目　录

第一章 小学数学教学的概述

第一节 小学数学课程教学目标

一、数学课程总目标

《义务教育数学课程标准》(以下简称《标准》)指出:"通过义务教育阶段的数学学习,学生能:①获得适应社会生活和进一步发展所必需的数学的基础知识、基本技能、基本思想、基本活动经验;②体会数学知识之间、数学与其他学科之间、数学与生活之间的联系,运用数学的思维方式进行思考,增强发现和提出问题的能力、分析和解决问题的能力;③了解数学的价值,提高学习数学的兴趣,增强学好数学的信心,养成良好的学习习惯,具有初步的创新意识和科学态度。"

上述三点就是数学课程总目标,简要地说就是获得"四基"、增强"四能"和培养科学态度。

(一)获得"四基"

1.获得"双基"。"双基"即要求学生基础知识扎实,基本技能熟练,这是我国传统数学教学的优势,其历史贡献是巨大的。但是,过去提到的"双基"是指经过此阶段的学习,学生为适应今后进一步学习或工作所具备的最初步、最基本的数学知识和技能,包括数学的基本概念、定理、公式、法则、方法,以及基本运算、推理、作图等技能。现在看来,某些内容需要删减或降低要求,某些内容则需要加强或增加。比如,复杂的多步骤计算已删减,笔算的复杂性与熟练程度降低了要求；而对于估算、数感、符号意识、收集和处理数据、概率初步、统计初步等，有所加强或增加。这样做，既符合我国当前经济与社会发展的要求，又符合应对未来发展的需要。体现了数学"双基"内容的与时俱进。

2.仅仅关注"双基"的教育必须发展。因为"双基"只涉及三维目标中的一个目标——"知识与技能"。另外，从培养创新型人才的角度看，"双基"尽管是培养创新型人才的一个重要基础，但创新型人才不能仅靠熟练掌握已有的知识和技能来培养，思维训练和活动经验的积累等也十分重要，因而，必须将我国传统教育的强调"双基"，发展为获得"四基"。

3.获得数学的基本思想。使学生获得数学的基本思想是数学课程的重要目标。数学课程应该使学生获得许多数学知识，但数学知识中最重要的还是数学思想。数学思想是数学产生以及数学发展的根本，是学习过数学的人所具有的思维特征，是探索研究数学所依赖的基础，也是数学教学的精髓。数学思想的内涵十分丰富，有人把"数学思想"说成是"将具体的数学知识都忘掉后剩下的东西"。

《标准》中所说的"数学基本思想"是指：数学抽象的思想、数学推理的思想、数学建模的思想。通过抽象，人们把外部世界与数学有关的东西抽象到数学内部，形成数学研究的对象，其思维特征是抽象能力强；通过推理，人们得到数学的命题和计算方法，促进数学内部的发展，其思维特征是逻辑能力强；通过模型，人们创造出具有表现力的数学语言，构建了数学与外部世界的桥梁，其思维特征是应用能力强。

数学的基本思想，是"大"的思想，是指在数学发展历程中起关键作用的思想、数学发展所依赖的核心思想，是希望学生领会之后能够终身受益的那种思想。①

由数学的基本思想派生出来的思想有很多，相比之下，这些派生出来的

①刘艳.让数学思想植根于课堂——以"植树问题"教学为例[J].辽宁教育，2014(5):2.

思想是"小"的思想。例如,由数学抽象的思想派生出来的有:分类的思想、集合的思想、数形结合的思想、守恒的思想、符号表示的思想、对称的思想、对应的思想、有限与无限的思想等。由数学推理的思想派生出来的有归纳的思想、演绎的思想、公理化的思想、转换化归的思想、联想类比的思想、逐步逼近的思想、代换的思想、特殊与一般的思想等。由数学建模的思想派生出来的有:简化的思想、量化的思想、函数的思想、优化的思想、随机的思想、抽样统计的思想等。

另外,数学思想与数学方法是有区别的。数学方法是指用数学思想解决具体问题时所形成的程序化操作。数学方法也有"大"与"小"之分,"大"的方法有:演绎推理的方法、合情推理的方法、变量替换的方法、等价变形的方法、分类讨论的方法等。"小"的方法有:分析法、综合法、穷举法、反证法、构造法、待定系数法、数学归纳法、递推法、消元法、降幂法、换元法、配方法、列表法、图像法等。数学思想常常通过数学方法去体现,数学方法又常常反映了某种数学思想。数学思想是数学教学的核心和精髓,教师在讲授数学方法时应该尽力反映和体现数学思想,使学生了解、体会并掌握数学思想。

4.获得数学的基本活动经验。使学生获得数学的基本活动经验,也是数学课程的重要目标。数学的基本活动经验是指:学生亲身参与数学活动所获得的直接的感受、经历和体验。数学的基本活动经验分为四种:直接的活动经验、间接的活动经验、设计的活动经验和思考的活动经验。直接的活动经验是与学生日常生活直接联系的数学活动中所获得的经验,如购买物品、校园设计等。而间接的活动经验是学生在教师创设的情境(景)、构建的模型中所获得的经验,如单价×数量=总价,速度×时间=路程等。设计的活动经验是学生从教师特意设计的数学活动中所获得的经验,如随机摸球、地面拼图等。思考的活动经验是通过分析、归纳等脑力活动获得的经验,如预测结果、探究成因等。

使学生获得数学的基本活动经验其价值有以下几方面:一是可以培养学生的数学直观能力(数学知识的形成起步阶段依赖的都是直观);二是可以使

学生获得学习方法和提高能力;三是有助于全面提高学生的思维水平;四是有助于学生情感态度价值观的提升。

《标准》专门设计了"综合与实践"数学课程领域,强调以问题为载体,让学生在解决问题的实践中获得数学的基本活动经验。

教师在教学中要调动学生学习数学的积极性,使学生经过独立思考、自主探究、合作交流等过程,积累数学的基本活动经验。

5."四基"是一个有机的整体。对"四基"分别有了深刻的理解之后,还需要注意一点,那就是"四基"之间是互相联系的、互相促进的,即"四基"是一个有机的整体。基础知识和基本技能是数学教学的主要内容,需要花费较多的课堂时间;数学思想则是数学教学的精髓,是统领数学课堂的主线;数学活动是重要的教学形式,是不可或缺的。

《标准》在"四基"前用了"获得适应社会生活和进一步发展所必需的"这样一个限制性定语,其意图是避免了在"四基"的名义下无限制地扩大教学内容,同时也强调了学生获得数学"四基"的现实意义和长远意义。其现实意义是学生适应社会生活所必需;其长远意义是学生进一步发展所必需。

(二)增强"四能"

1.在普遍联系中学习数学。《标准》指出,通过义务教育阶段的数学学习,学生能体会三个方面的联系:数学知识之间的联系;数学与其他学科之间的联系;数学与生活之间的联系。通过一段时间的数学学习,学生获得了一些数学知识,教师应该引导学生把这些知识连接成线,再把这些线连接成网,在学生的头脑中形成网状的知识体系。通过这样的教学活动,不仅有利于学生全面认识和准确理解所获得的数学知识,而且有利于学生养成良好的数学学习习惯,掌握一些数学学习的方法,逐渐提高学生对数学的整体认识和宏观把握。此外,数学学科与其他学科有着广泛的联系。许多数学知识来源于其他学科,而且应用于其他学科。教师在教学中,应该经常提及其他学科中的数学背景和应用。至于数学与生活之间的联系,其意图是缩小数学与学生生活之间的距离,不要让学生误认为数学是数学家用符号编造出来的,误认为数学仅仅是为了解题和应付考试。为了让学生充分体会这三个方面的联系,在小学阶段(尤其在第一学段)的数学教学中,可以较多地创设学生生活中的情境(景),加强课程内容与学生生活经验的联系。

2.运用数学的思维方式进行思考。在学生学习数学的过程中,一个重要的特征是学会数学的思考。数学的思考是指运用数学的思维方式进行的思考,也称为数学方式的理性思维。它包括形象思维、逻辑思维和辩证思维,包括演绎推理和合情推理。

小学阶段数学教学的整个过程中,都应该注意培养学生的数学思维(当然学生主要接触和学习的是合情推理)。

需要说明的是,统计的思维规则不同于数学的逻辑推理。统计是从数据出发的,而数学是从定义和公理出发的;统计的思维规则是以"归纳"为特征的,而数学是以演绎为特征的;统计的结论只有"好"与"差"的区别,而数学的结论只有"对"与"错"的区别。

数学课程在培养学生理性思维方面特有的作用,是其他课程不能替代的。所以,教数学一定要教思维,学数学也一定要学思维,学生学会了数学方式的理性思维,将终身受益。

3.增强发现和提出问题的能力、分析和解决问题的能力。对学生而言,发现问题就是指发现了书本上不曾教过的新方法、新观点、新途径以及知道以前不曾知道的新东西。这就要求学生经过多方面、多角度的数学思维和自我组织,从表面上看来没有联系的一些现象中发现疑难,找到数量或空间方面的某些联系(或矛盾),并把这些联系(或矛盾)提炼出来。提出问题是指在发现问题的基础上,把找到的联系(或矛盾)用数学语言表达出来,这需要逻辑推理和理论抽象,需要精准地概括。分析问题是指运用数学思维寻找条件与结论之间的逻辑关联。解决问题是指运用数学模型并采用恰当的思路和方法得到问题的答案。对于分析问题和解决问题,其"已知"和"未知"是明确的,而对于发现问题和提出问题,其"已知"和"未知"根本不明确。因此,发现问题和提出问题对学生而言,难度更大,要求更高。可是,从培养学生的创新意识和创新精神视角来看,发现问题和提出问题的能力是必需的。因为创新往往始于问题。

在数学教学中,教师要努力创设适当的情境(景),经常采用探究式的教学方法,启发引导学生,培养学生的问题意识。学生只有多次在这样的思维方式训练下,才能逐渐形成创新意识和创新精神,为创新能力的培养打下坚实的基础。当学生参与了发现问题和提出问题、分析问题和解决问题的全过程之后,就又获得了一些数学活动的经验。

(三)培养科学态度

1.了解数学的价值,提高学习兴趣。数学的价值包括两个方面:一是应用方面的价值(数学在日常生活中的应用、数学在工程技术中的应用、数学在其他学科中的应用、数学在实践中的应用等);二是教育方面的价值(学生学会了理性思维,考虑问题周密,表达精准,以及数学教学在培养学生的抽象能力、推理能力和创新能力上所发挥的独特作用等)。

当学生了解了数学的价值,并在学习过程中体会到数学的价值后,就自然会提高学习数学的兴趣。另外,教师在教学中,要把小学生对新事物的好奇心引导到探索事物的数量关系与空间形式上来,要讲究教学策略,注重启发引导,带领学生解决一些有挑战性的问题,让学生看到数学的内在本质和自身魅力(比如,简洁、明确、强烈的规律性和对客观事物的准确刻画等),引发学生的兴趣。其次,教师还要尊重和保护学生,不伤其自尊心,开展好个性化教育。这样,才能做到使"人人都能获得良好的数学教育"。

2.养成良好的学习习惯和科学态度。良好的学习习惯指学习目的明确,学习态度端正,课前预习,课中认真听讲,课后总结复习,按时完成作业,独立思考,积极探究,合作交流,合理安排时间,不耻下问,勤奋刻苦,有饱满的学习热情,有强烈的求知欲,不被困难所吓倒,勇于坚持真理和纠正错误,敢于质疑,会发现问题并提出问题,等等。习惯成自然,当学生养成良好的学习习惯后,不论对他们创新意识的培养,还是他们今后的学习,以及他们今后的成长都是有益的。需要强调的是,良好的学习习惯的培养要从一年级抓起。

良好的科学态度是:坚持真理,修正错误,严谨周密,实事求是,等等。实事求是是科学态度的核心,也是德育目标。数学的结论(不包括统计)是通过严格的逻辑推理得到的,对就是对,错就是错,来不得半点含糊,所以数学教学特别适合培养学生实事求是的科学态度。教师在教学中,要提倡和鼓励学生在方法上、逻辑上、结论上进行争辩,因为真理越辩越明。

需要注意的是,"情感态度与价值观"不能单独传授、空洞地讲解,要以"知识与技能"为载体渗透其中。

学生在"情感态度与价值观"方面的发展,不仅对学习数学会产生积极的效应,而且对学习其他学科也会产生积极的效应;不仅在学习方面会产生积极的效应,而且在做人方面也会产生积极的效应;不仅在义务教育阶段会产生积极的效应,而且对学生的终身成长都会产生积极的效应。

二、数学课程的具体目标

具体目标是对总目标的具体化,是三维目标在数学课程中的具体体现,只有很好地理解具体目标,才能更好地理解总目标。

(一)具体目标的四个方面

1.知识技能。《标准》在"知识技能"方面的表述为:①经历数与代数的抽象、运算与建模等过程,掌握数与代数的基础知识和基本技能;②经历图形的抽象、分类、性质探讨、运动、位置确定等过程,掌握图形与几何的基础知识和基本技能;③经历在实际问题中收集和处理数据、利用数据分析问题、获取信息的过程,掌握统计与概率的基础知识和基本技能;④参与综合实践活动,积累综合运用数学知识、技能和方法等解决简单问题的数学活动经验。

知识技能就是从前所说的"双基",即数学的基础知识和基本技能,"双基"的界定既要体现相对的稳定性,又要体现与时俱进。选择和确定数学"双基"的原则应该围绕"基础"二字来表述:数学"双基"是学生数学学习的基础;是数学应用的基础;是学生后继学习的基础;是创新人才培养的基础;是一个人终身学习的基础。

《标准》在知识技能方面的表述,指明了在教学中学生在"数与代数""图形与几何""统计与概率"三个领域应该"经历"的重点所在,"综合与实践"贵在学生"参与"。

关于学生如何才算掌握了数学的基础知识和基本技能,我们提出以下几点:第一,对于重要的数学概念、性质、定理、公式、法则、方法、技能等,学生应该在理解的基础上记住其结论的本质,并且会运用;第二,学生应该了解这些数学概念、结论产生的背景,要通过不同形式的探究活动,体验数学发现和创造的历程;第三,学生应该感悟、体会、理解其中蕴含的数学思想,并且能够与后续学习中有关的部分相联系。

2.数学思考。《标准》在"数学思考"方面的表述为:①建立数感、符号意识和空间观念,初步形成几何直观和运算能力,发展形象思维与抽象思维;②体会统计方法的意义,发展数据分析观念,感受随机现象;③在参与观察、实验、猜想、证明、综合实践等数学活动中,发展合情推理和演绎推理能力,清晰地表达自己的想法。

学会独立思考,体会数学的基本思想和思维方式。

第一点中"建立数感、符号意识""初步形成运算能力"是针对数与代数领域的;"建立空间观念""初步形成几何直观"主要是针对图形与几何领域的,也包含数形的结合;而"发展形象思维与抽象思维"则是针对这两个领域的。第二点是针对统计与概率领域的,但其中"体会……意义""发展……观念""感受……现象"还是用来表达"数学思考"的。第三点是针对综合与实践领域的,但其中"发展合情推理和演绎推理能力"还是用来表达"数学思考"的。第四点指出了"数学思考"这一方面课程目标希望达到的三个目的。

关于数学思考有两个"关系"需要特别注意:一是合作探究与独立思考的关系。二是演绎推理与合情推理的关系。

对数学创新而言,合作探究与独立思考都是需要的,但独立思考是合作探究的前提与基础,也就是说,独立思考是创新的基础。教师在教学中,既要表扬那些经过合作探究取得成功的学生,更要表扬那些经过独立思考取得成功的学生。

演绎推理的主要功能是验证结论,而合情推理的主要功能是发现结论,两者缺一不可。借助合情推理得到的结论即便暂时不能被演绎推理证明,但所得结论可能具有一般性。

3.问题解决。《标准》在"问题解决"方面的表述为:①初步学会从数学的角度发现问题和提出问题,综合运用数学知识解决简单的实际问题,增强应用意识,提高实践能力;②获得分析问题和解决问题的一些基本方法,体验解决问题方法的多样性,发展创新意识;③学会与他人合作交流;④初步形成评价与反思的意识。

"问题意识"是指:从数学的角度发现问题、提出问题、分析问题和解决问题四个方面。

需要说明的是,这里提及的"问题",并不是数学习题那类专门为复习和训练设计的问题,也不是仅仅依靠记忆题型和套用方程式去解决的问题,而是展开数学课程的"问题"和应用数学去解决的"问题",这些问题应该是新颖的,有较高的思维含量,并有一定的普遍性、典型性和规律性。而"应用意识"包括三个方面的含义:一方面是在接受数学知识时,主观上有探索这些知识的实用价值的意识;另一方面是在遇到实际问题时,自然地产生利用数学观点、数学理论解释现实现象和解决实际问题的意识;第三方面是认识到现实生产、生活和其他学科中蕴含着许多与数量和图形有关的事物,这些事物可以抽象成数学内容,用数学的方法给出普遍的结论。

在解决问题的探究中,找到一种解决方法就是对创新意识的一种培养;在别人(或别的小组)已经找到一种解决方法时,某学生(或某小组)如果还能找到另一种方法,就更加有利于发展创新意识。

"学会与他人合作交流"体现的是在学习方式、学习习惯乃至"情感态度"方面的目标。而"初步形成评价与反思的意识"是要学生了解评价与反思的含义,经历这样的活动,认识其作用和好处。

实现"问题解决"的课程目标,既能够使学生获得"四基"、增强"四能",还可以培养学生的创新意识和实践能力。①

4.情感态度。《标准》在"情感态度"方面的表述为:①积极参与数学活动,对数学有好奇心和求知欲;②在数学学习过程中,体验获得成功的乐趣,锻炼克服困难的意志,建立自信心;③体会数学的特点,了解数学的价值;④养成认真勤奋、独立思考、合作交流、反思质疑等学习习惯;⑤形成坚持真理、修正错误、严谨求实的科学态度。

第一点是学生对数学活动有积极的态度,对数学有好奇心和求知欲。因为学习兴趣是学生主动学习的原动力,而好奇心和求知欲是发展兴趣的基础。数学课程首先应该能够吸引学生的注意,这是在"情感态度"方面最起码的课程目标。如果数学课程还能够普遍引起学生的好奇心和求知欲,这就相当不错了,这也就达到了课程所希望的目标。这个目标的达到需要两个方面的条件:一是课程内容要适合学生;二是教师的精心设计和教学艺术。

第二点是在数学学习的过程中,要让学生体验获得成功的乐趣,因为这是培养学生求知欲的重要途径,也有利于学生树立"我能学好数学"的自信心。这需要教材具备难易适当性和层次性,也需要教师对学生取得成功的肯定、鼓励和表扬。但是,在真实的数学学习过程中,并不是所有的学生每一次都能获得成功的体验,数学学习对许多学生来说是一个艰苦的过程,这时就需要教师的启发引导。当学生克服了种种困难,取得成功之后,自然而然地锻炼了克服困难的意志,体验了获得成功的乐趣,逐渐建立了自信。数学学习是一个"柳暗花明又一村"的过程!

第三点是价值观方面的目标。为了达到这个目标,需要教材方面精心地设计,也需要教师方面得当地教学。当学生逐渐体会到了数学的一些特点,了解了数学的一些价值之后,对数学的求知欲也会逐渐增强。

第四点是学生养成良好学习习惯方面的目标。"认真勤奋"的本质是集中

①兰赠连.在"解决问题"教学中提高学生的问题解决能力[J].贵州教育,2018(5):4.

精力,这不仅是对待学习而且是对待一切工作的良好态度和习惯,是养成其他习惯的基础;"独立思考"是重要的学习方式,是对待问题时的良好习惯,是"合作交流"的前提与基础,也是积累数学经验的基础;"合作交流"是对"独立思考"的补充,也是重要的学习方式,可以培养与他人合作的意识,是与他人共同工作时的良好习惯;"反思质疑"也是重要的学习方式,是对待结论时的良好习惯,可以使学生学会深入思考、养成批判思维的习惯。这些良好习惯的养成有一个长期的过程,教师只有制订长远的计划,采取适当的措施,才有可能落实这些目标。

第五点是科学态度方面的课程目标。数学教学特别适合培养学生实事求是的科学态度,在思考问题时应该严格、周密,在对待自己或者他人的错误时应该敢于和善于坚持真理、修正错误。

最后需要说明的是,提出"情感态度"目标时间还不长,且具有"隐蔽性",往往不被教师重视,许多教师也不善于在教学中贯彻这一目标,这一做法是不可取的。在达到"知识技能""数学思考""问题解决"等目标的同时,也应该关注"情感态度"目标。

(二)具体目标的四个方面的关系

《标准》指出:"总目标的这四个方面,不是相互独立和割裂的,而是一个密切联系、相互交融的有机整体。在课程设计和教学活动组织中,应同时兼顾这四个方面的目标。这些目标的整体实现,是学生受到良好数学教育的标志,它对学生的全面、持续、和谐发展有着重要的意义。数学思考、问题解决、情感态度的发展离不开知识技能的学习,知识技能的学习必须有利于其他三个目标的实现。"

我们看到,《标准》对具体目标四个方面关系的表达很清楚,也很精练,当然也很重要,它从下面四个角度阐述了具体目标四个方面的关系。

1.四个方面是密切联系的整体。《标准》对具体目标的表述是条目并列型的,可能会使读者产生这四个方面是相互独立的错觉,《标准》在这里用

"不……的"句型,从正反两个方面进行解释,以清除这种错觉。

2.教学中应同时兼顾四个方面。在教学中,教师一定要明确,兼顾知识技能、数学思考,问题解决、情感态度四个方面,几乎是备课内容的全部,而在实施教学的过程中,应该同时兼顾这四个方面的目标,也是自然的事情。当然,要做到"同时兼顾"并不是容易的,这不但需要教师思想上时时处处有"同时兼顾"这样一根弦,而且需要有高超的统筹兼顾的能力。

3.四个方面的整体实现是"学生受到良好数学教育的标志"。《标准》明确指出了"学生受到良好数学教育的标志"是知识技能、数学思考、问题解决、情感态度这些目标的整体实现。而且这种整体实现,不仅有重大的现实意义,还有重大的长远意义,它不但有利于学生学习数学课程当时的成长,还能着眼于学生未来的发展,并且还能使学生的发展不是片面的,而是全面的,不是阶段性的,而是持续性的,所说的四个方面不是各自独立和割裂的,而是和谐融合的。

4.四个方面是相互促进的。知识技能的目标往往是通过学生学习的结果体现和达到的,简称为"结果目标",数学思考、问题解决、情感态度的目标往往是通过学生学习的过程体现和达到的,简称为"过程目标"。但是"结果目标"与"过程目标"也有互相包含的关系,不能把两者截然分开。在教学中,不但要关注"结果目标",也要关注"过程目标",也就是说"结果"和"过程"都重要。数学教学不仅要使学生掌握知识技能,还要促进他们在数学思考、问题解决、情感态度方面的成长,两者不可偏废。但知识技能一定是数学思考、问题解决、情感态度必要的载体和基础,是学生学习中花费时间和精力的重点。而数学思考、问题解决、情感态度要千方百计地融入和渗透到知识技能教学的全过程,它对学生知识技能的掌握有积极的促进作用。

三、数学课程的学段目标

数学课程的学段目标是分三个学段来阐述的,对于小学数学课程我们只关注第一学段和第二学段就可以了。这两个学段的学段目标阐述了数学课程在知识技能、数学思考、问题解决、情感态度四个方面的具体目标。当然，它也结合了每个学段的学习内容，也考虑到了每个学段学生的年龄心理特征。

(一)第一学段(1~3年级)学段目标

1.知识技能。其主要包括：①经历从日常生活中抽象出数的过程，理解万以内数的意义，初步认识分数和小数；理解常见的量；体会四则运算的意义，掌握必要的运算技能，能准确地进行运算；在具体情境中，能选择适当的单位进行简单的估算；②经历从实际物体中抽象出简单几何体和平面图形的过程，了解一些简单几何体和常见的平面图形；感受平移、旋转、轴对称现象；认识物体的相对位置；掌握初步的测量、识图和画图的技能；③经历简单的数据收集、整理和分析的过程，了解简单的数据处理方法。

2.数学思考。其主要包括：①在运用数及适当的度量单位描述现实生活中的简单现象，以及对运算结果进行估计的过程中，发展数感；在从物体中抽象出几何图形、想象图形的运动和位置的过程中，发展空间观念；②能对调查过程中获得的简单数据进行归类，体验数据中蕴含着信息；③在观察、操作等活动中，能提出一些简单的猜想；④会独立思考问题，表达自己的想法。

3.问题解决。其主要包括：①能在教师的指导下，从日常生活中发现和提出简单的数学问题，并尝试解决；②了解分析问题和解决问题的一些基本方法，知道同一个问题可以有不同的解决方法；③体验与他人合作交流解决问题的过程；④尝试回顾解决问题的过程。

4.情感态度。其主要包括：①对身边与数学有关的事物有好奇心，能参与数学活动；②在他人帮助下，感受数学活动中的成功，能尝试克服困难；③了解数学可以描述生活中的一些现象，感受数学与生活有密切联系；④能倾听别人的意见，尝试对别人的想法提出建议，知道应该尊重客观事实。

(二)第二学段(4~6年级)学段目标

1.知识技能。其主要包括：①体验从具体情境中抽象出数的过程，认识万以上的数;理解分数、小数、百分数的意义,了解负数的意义;掌握必要的运算技能;理解估算的意义;能用方程表示简单的数量关系,能解简单的方程;②探索一些图形的形状、大小和位置关系,了解一些几何体和平面图形的基本特征;体验简单图形的运动过程,能在方格纸上画出简单图形运动后的图形,了解确定物体位置的一些基本方法;掌握测量、识图和画图的基本方法;③经历数据的收集、整理和分析的过程,掌握一些简单的数据处理技能;体验随机事件和事件发生的等可能性;④能借助计算器解决简单的应用问题。

2.数学思考。其主要包括:①初步形成数感和空间观念,感受符号和几何直观的作用;②进一步认识到数据中蕴含着信息,发展数据分析观念;通过实例感受简单的随机现象;③在观察、实验、猜想、验证等活动中,发展合情推理能力,能进行有条理的思考,能比较清楚地表达自己的思考过程与结果;④会独立思考,体会一些数学的基本思想。

3.问题解决。其主要包括:①尝试从日常生活中发现并提出简单的数学问题,并运用一些知识加以解决;②能探索分析和解决简单问题的有效方法,了解解决问题方法的多样性;③经历与他人合作交流解决问题的过程,尝试解释自己的思考过程;④能回顾解决问题的过程,初步判断结果的合理性。

4.情感态度。其主要包括:①愿意了解社会生活中与数学相关的信息,主动参与数学学习活动;②在他人的鼓励和引导下,体验克服困难、解决问题的过程,相信自己能够学好数学;③在运用数学知识和方法解决问题的过程中,认识数学的价值;④初步养成乐于思考、勇于质疑、言必有据等良好品质。

第二节 小学数学课程教学内容

一、小学数学课程内容的选择

小学数学课程内容是整个数学学科的基础部分,是小学生学习数学的主要对象。选择哪些数学知识作为小学数学的课程内容,其依据是什么,如何确定课程内容,这些都是小学数学教师钻研教材、掌握教材必须明确的重要问题。

(一)选择小学数学课程内容的依据

选择小学数学课程的内容,应以《义务教育数学课程标准》为基本依据,要服从于小学教育的培养目标、教学目的和要求。一般要遵循下列原则。

1.要选择日常生活和进一步学习所必需的最基础的数学知识。小学教育是义务教育的基础,对于小学数学来说,要根据小学的数学课程内容的整体,加以通盘考虑。要注重选择那些在日常生活中广泛应用和进一步学习数学、物理、化学以及其他科学技术知识所必需的最基础的数学知识。我国已实施九年制义务教育,这是我国教育事业重大发展的保证。小学数学课程内容的选择要以此为准绳,从提高全民素质出发,为培养各级各类人才打下良好的基础。

2.适应21世纪知识经济时代和信息技术发展的需要。在确定小学数学课程内容时要考虑社会对数学基础知识和基本技能的需要,既要考虑当前的社会需要,又要兼顾今后一段时期内的社会需要。由于科学技术发展日益加快,知识的总量增加在加快,数学本身的发展也在加快,导致小学数学的基础知识也在发生变化。小学数学内容是整个数学学习中最基础的内容,随着科学技术的发展和社会需要的变化,其中有一些课程内容要进行调整和更新,以适应我国社会主义现代化建设和科学技术发展的需要。

3.要符合小学生的认知能力和接受能力。小学数学课程内容不仅要考虑数学课程自身的特点,更应符合小学生学习数学的心理特征,着眼于学生终身学习的愿望和能力,从小学生的生活经验和知识经验出发,必须符合小学生的认知能力和接受能力,把需要的和可能的结合起来,确定教学内容的难易程度和分量。如果片面地加大教学内容的广度、深度和难度,致使学生难以理解和接受,势必加重学生负担,不利于打好扎实的基础,更谈不上能力的培养。课程内容过多或过少都不利于综合素质的提高和人才的培养。

(二)小学数学课程内容的确定

在新课程标准下,为体现义务教育阶段小学数学课程的基础性、普及性和发展性,课程内容的改革与实施注重密切联系学生的生活和经验以及社会、科技发展的现实,强调学生经验、学科知识和社会发展三方面内容的整合。《义务教育数学课程标准》将教学内容分为"数与代数""图形与几何""统计与概率"和"综合与实践"四部分。

1."数与代数"领域。"数与代数"的主要内容有数的认识、数的表示、数的大小、数的运算、数量的估计;用字母表示数、代数式及其运算、方程、方程组、不等式、函数等。

加强方面:重视对数与代数的意义的理解,强调通过实际情境使学生体验、感受和理解数与代数的意义,培养学生的数感和符号感;注重过程,提倡在学习过程中学生的自主活动,重视对数与代数规律和模式的探求;注重应用,渗透数学建模思想,加强对学生数学应用意识和解决实际问题能力的培养;加强估算,重视口算,鼓励算法多样化,提倡使用计算器和计算机。

减弱方面:降低运算的复杂性、技巧性和熟练程度的要求,减少公式,降低对记忆的要求;降低了对一些概念过分"形式化"的要求。

2."图形与几何"领域。"图形与几何"的主要内容有空间和平面基本图形的认识、图形的性质、分类和度量;图形的平移、旋转、轴对称、相似和投影;平面图形基本性质的证明;运用坐标描述图形的位置和运动。

加强方面:强调内容的现实背景,联系学生的生活经验和活动经验;增加了图形变换、位置的确定、视图与投影等内容,视图与投影的内容注重生活化、现实化;注重引导学生通过观察、操作、思考、推理、交流等活动,从多种角度认识图形的形状、大小、变换和位置关系,发展学生的几何直觉和空间观念;突出"图形与几何"的文化价值;重视量与测量(包括估测),并把它融合在有关内容中,加强测量的实践性;加强合情推理,调整"证明"的要求,强化理性精神。

减弱方面:削弱了单纯的平面图形周长、面积、体积等计算。

3."统计与概率"领域。"统计与概率"的主要内容有收集、整理和描述数据,包括简单抽样、整理调查数据、绘制统计图表等;处理数据,包括计算平均数、中位数、众数、方差等;从数据中提取信息并进行简单的推断;了解简单随机事件及其发生的概率。"统计与概率"这一领域的内容对学生来说是充满趣味和吸引力的,从第一学段起就安排了有关的学习内容。

加强方面:强调统计与概率过程性目标的达成,通过具体操作活动,使学生对数据处理的过程有所体验,在活动中学习一些简单的收集、整理和描述数据的知识和方法,并能根据数据回答一些简单的问题(即简单的统计推理),做出简单的决策和预测等;强调对统计表特征和统计量实际意义的理解;注意与现代信息技术的结合;注意统计与概率和其他内容的联系。

减弱方面:削弱和淡化单纯的统计量的计算以及统计概念的严格定义。

4."综合与实践"领域。"综合与实践"是一类以问题为载体,以学生自主参与为主的学习活动。在学习活动中,学生将综合运用"数与代数""图形与几何""统计与概率"等知识和方法解决问题。"综合与实践"的教学活动应当保证每学期至少一次,可以在课堂上完成,也可以课内外相结合,提倡把这种教学形式体现在日常教学活动中。

"综合与实践"领域作为义务教育阶段数学课程的四个学习领域之一,是《义务教育数学课程标准》的一个特色,反映了数学课程与教学改革的要求。将"综合与实践"作为数学知识技能领域的一个重要内容,并不是在数学知识领域之外增加新的知识,而是强调数学知识的整体性、现实性和应用性。通过综合实践活动,促使学生进行自主探索、合作交流,并学会综合运用所学的知识解决问题。在第一学段,主要强调"实践",强调数学与生活经验的联系;第二学段,在继续强调实践与经验的基础上,增加了"综合应用"的要求。"综合与实践"领域的设置,对于培养学生的创新意识与实践能力具有较强的促进作用,同时使新的数学课程具有一定的弹性和开放性。

(三)小学数学课程内容的重点

在数学课程中,应当注重发展学生的数感、符号意识、空间观念、几何直观、数据分析观念、运算能力、推理能力和模型思想。为了适应时代发展对人才培养的需要,数学课程还要特别注重发展学生的应用意识和创新意识。[①]

数感主要是指关于数与数量、数量关系、运算结果估计等方面的感悟。建立数感有助于学生理解现实生活中数的意义,理解或表述具体情境中的数量关系。

符号意识主要是指能够理解并且运用符号表示数、数量关系和变化规律;知道使用符号可以进行运算和推理,得到的结论具有一般性。建立符号意识有助于学生理解符号的使用是数学表达和进行数学思考的重要形式。

空间观念主要是指根据物体特征抽象出几何图形,根据几何图形想象出所描述的实际物体;想象出物体的方位和相互之间的位置关系;描述图形的运动和变化;依据语言的描述画出图形等。

几何直观主要是指利用图形描述和分析问题。借助几何直观可以把复杂的数学问题变得简明、形象,有助于探索解决问题的思路,预测结果。几何直观可以帮助学生直观地理解数学,在整个数学学习过程中都发挥着重要作用。

数据分析观念主要是了解在现实生活中有许多问题应当先做调查研究,收集数据,通过分析做出判断,体会数据中蕴含的信息;了解对于同样的数据

---

①江小容. 浅谈小学计算教学的策略[J]. 课程教育研究:学法教法研究,2018(26):1.

可以有多种分析的方法,需要根据问题的背景选择合适的方法;通过数据分析体验随机性,一方面,对于同样的事情每次收集到的数据可能不同;另一方面,只要有足够的数据就可能从中发现规律。数据分析是统计的核心。

运算能力主要是指能够根据法则和运算律正确地进行运算的能力。培养运算能力有助于学生理解运算的算理,寻求合理简洁的运算途径解决问题。

推理能力的发展应贯穿于整个数学学习过程中。推理是数学的基本思维方式,也是人们学习和生活中经常使用的思维方式。推理一般包括合情推理和演绎推理。合情推理是从已有的事实出发,凭借经验和直觉,通过归纳和类比等推断某些结果;演绎推理是从已有的事实(包括定义、公理、定理等)和确定的规则(包括运算的定义、法则、顺序等)出发,按照逻辑推理的法则证明和计算。在解决问题的过程中,两种推理功能不同,相辅相成。合情推理用于探索思路,发现结论;演绎推理用于证明结论。

模型思想的建立是学生体会和理解数学与外部世界联系的基本途径。建立和求解模型的过程包括从现实生活或具体情境中抽象出数学问题,用数学符号建立方程、不等式、函数等表示数学问题中的数量关系和变化规律,求出结果并讨论结果的意义。这些内容的学习有助于学生初步形成模型思想,提高学习数学的兴趣和应用意识。

应用意识有两个方面的含义:一方面,有意识利用数学的概念、原理和方法解释现实世界中的现象,解决现实世界中的问题;另一方面,认识到现实生活中蕴含着大量与数量和图形有关的问题,这些问题可以抽象成数学问题,用数学的方法予以解决。在整个数学教育的过程中都应该培养学生的应用意识,综合实践活动是培养应用意识很好的载体。

创新意识的培养是现代数学教育的基本任务,应体现在数学教与学的过程之中。学生自己发现和提出问题是创新的基础;独立思考、学会思考是创新的核心;归纳概括得到猜想和规律,并加以验证,是创新的重要方法。创新意识的培养应该从义务教育阶段做起,贯穿数学教育的始终。

二、小学数学课程内容的编排和编写

小学数学教材是小学数学课程目标的具体体现和小学数学课程内容的主要载体。教材的编排体系决定教与学的系统性与循序渐进的"序";内容的呈现方式,体现对学习方法的指导,影响到教与学的活动及其效果。所以,科学地编排、加工课程内容,建立合理的教材结构,可以简化学习内容,帮助学习迁移,促进学生认知能力的发展,提高教与学的效率。

(一)小学数学课程内容编排的主要原则

小学数学课程内容为学生的学习活动提供了基本线索,是实现课程目标、实施教学的重要资源。小学数学课程内容的定位应以《义务教育数学课程标准》为基本依据。

一般认为,小学数学课程内容的编排应遵循以下原则。

1.正确处理数学知识的逻辑顺序与儿童心理发展顺序的关系。数学科学与小学数学课程不仅在程度深浅上和分量轻重上有差异,在编排体系上也有区别和联系,这是由数学学科特点与儿童认知特点之间的矛盾所决定的。通常情况下,数学科学的体系是从定义、公理出发,讲述定理、公式,并加以证明,进行这样的学习多半是一件枯燥、乏味、艰难的事情。对感性认识还不够丰富、抽象思维能力尚在形成阶段的儿童来说,如果数学课程内容也从概念、原理出发,只注意数学知识本身的逻辑演绎顺序,就会大大增加学习的困难。因此,小学数学课程内容的编排,既要注意数学知识的逻辑系统性,以满足教材的科学性要求;又要符合儿童的认知规律和智力发展水平,要根据儿童的学习心理特点,将数学知识重新组织成适合儿童学习的材料。

小数的编排就是一个典型的例子。从数学知识的逻辑顺序来看,小数是分数的特例,即十进分数,它的性质和四则运算法则在理论上是由分数的相关知识导出的。完全按照这一逻辑顺序来编排,就要先教分数及其四则运算,再教小数及其四则运算。由于在日常生活中使用小数的机会很多,学习小数也可以更多地利用小数与整数的联系,发挥学习的正迁移作用,所以学习小数要比学习分数更为容易。因此,小学数学教材一般采取先让学生直观地初步认识分数,作为引进小数的基础,再系统教小数及其四则运算的方式进行编排。这样既可以保证这部分内容的可接受性,又兼顾到了数学知识的系统性。

2.适当分段,螺旋上升,由浅入深,循序渐进。课程内容的编排主要有两种方式:一种是直线式,即将教学内容按照课题由低水平到高水平,一个接着一个地进行下去,直线推进,不予重复。这种编排方式,要求学生必须掌握不断接踵而来的新内容,在中学的高年级和高等学校的教材中用得较多,义务教育小学阶段的教材通常不这样安排;另一种是螺旋式(又称圆周式),即将教学内容按照深浅、难易的程度,让某些概念、原理重复出现,经过几个循环,逐步扩展、深化、螺旋上升。这种编排方式比较适合小学生的接受能力,因为小学生认识事物,特别是一些重要的数学概念,往往不能一次完成,需要有个逐步深化理解的过程,而且小学生的认知能力也需要在学习过程中逐步发展起来,所以适当的反复是必要的。

小学数学课程内容的编排,除了从整体上适当划分阶段以外,还应该遵循从感性到理性、从已知到未知、由此及彼、由表及里的认知规律,对教学内容做出具体的处理。采用螺旋上升的体系要适度,以适应学生心理发展为准。过多地重复和循环,把知识分得过于细碎,会造成教学时间的浪费和学生学习兴趣的降低。

3.突出基本概念、基本规律和基本方法。课程内容的编排,还必须处理好知识的主与次、源与流、因与果的关系。"主""源""因"就是教学法中所涉及的基本概念、基本规律和基本方法。在小学数学中,诸如整数、小数、分数的概念,四则运算的主要法则,加法、乘法的运算定律,常见图形的主要特征,应用题的基本数量关系等,在整个知识链中仍然处于重要地位,对进一步学习起着重要作用。突出这些重点内容,使学生切实掌握基本概念、基本规律和基本方法,有利于举一反三、触类旁通,有助于掌握知识的整体结构。

4.突出各部分知识之间的纵横联系与综合。数学知识是一个有机的整体,小学数学教学内容包括"数与代数""图形与几何""统计与概率""综合与实践"四部分。代数初步知识比较抽象,宜于在学生掌握了一定的数与运算知识的基础上进行教学;几何形体的面积与体积,需要用到数的运算;简单的统计知识更是离不开数与数的运算;至于应用题,它反映了各部分知识是如何应用于实际的,与各部分知识都有密切联系,但首先还是和数与运算的联系。由此分析可以看出,小学数学课程内容的整体结构,可以采用混编的形式组织,以数和数的运算知识为主线,其他各部分知识合理穿插其中,相互配合,以体现"数与代数""图形与几何""统计与概率"之间的联系。同时还要注意各部分知识本身的内在联系,构成一个上下贯通、左右联结的知识网络,展示数学的整体性,有利于教学的顺利开展,有利于对知识的融会贯通和综合运用。另外,小学数学课程内容的编排还应关注数学与现实世界及其他学科之间的联系。

(二)小学数学课程内容编写的主要原则

小学数学课程内容的编写,要根据教学目标,从教育学、心理学的角度,对经过合理编排的数学知识进行加工。一般说来,应遵循以下原则。

1.选取密切联系学生生活、具有现实性和趣味性的素材。小学数学教材的素材应当来源于学生的现实生活,紧密联系学生的生活实际,从学生熟悉的生活情景和周围事物中,选择学生身边的、可以直接接触到的、感兴趣的事与物,提出有关的数学问题。实践活动素材的选择,要符合学生的年龄特征与生活经验,提供具体、有趣、富有一定启发性的活动(数学游戏),让学生经历应用数学知识分析问题和解决问题的过程,积累数学活动的经验。

学生随着年龄的增长,他们的视野逐渐开阔,信息来源渠道也会逐渐增多。相应地,教材应逐步扩大联系实际的范围。

2.内容呈现形式多样化。我们不能假设孩子们都非常清楚学习数学的重要性,并自觉地投入足够的时间与精力去学习数学,也不能够单纯依赖教师或家长的"权威"去迫使学生们这样做。事实上,我们更需要做的是让孩子们亲近数学、了解数学、喜欢数学,从而主动地进行数学学习。为此,小学数学课程内容应根据不同年龄段学生的兴趣爱好和认知特征,采取适合于他们的表现形式。例如,丰富多彩的图形是"图形与几何"部分的重要学习素材,教材应做到图片与启发性问题相结合、图形与必要的文字相结合、计算与推理相结合、数和形相结合,充分发挥图形直观的作用,使教材图文并茂,富有启发性。内容呈现形式的多样化能够保证学生积极、主动地参与整个学习过程,使得他们的数学学习活动是一个生动活泼的、主动的和富有个性的过程。在选择或设计表现形式时,不仅要考虑它的外在趣味性,还要考虑怎样才能形象、直观地表现数学的内涵,并恰如其分地把握好教学的要求。

3.展示数学知识的形成过程和解决问题的思考过程。改进学生的数学学习方式是《义务教育数学课程标准》所提倡的一个改革目标。为培养学生的探究精神和实践能力,教学内容的展开应力求展示知识的形成过程和解决问题的思考过程,根据教学内容的特点,努力提供让学生动手实践、参与探究、合作交流的活动条件。学生进行观察、实验、操作、验证、推理与交流等数学活动无疑需要时间,为此,教材应当采取适当的方式,使得学生在学习过程中有时间从事这样的活动。例如,可以设立"看一看""做一做""想一想""说一说""读一读"等栏目,引导学生进行自主性的学习活动,还可以适当提供开放性的问题和合作交流的机会,为学生拓展探索的空间。

4.重视数学的应用。应用的广泛性是数学的主要特点之一。加强数学的应用是落实义务教育培养目标的需要。为此,教材应当结合数学知识的教学,引导学生从数或形的角度去观察、认识周围的事物,培养应用数学的兴趣、意识以及相应的解决简单实际问题的能力。

"综合与实践"内容的设置,意味着小学数学教学中教与学方法的改革。综合与实践是一种具有现实性、问题性、实践性、综合性和探索性的学习活动,每次活动一般围绕一个主题展开,活动的设计应当体现出现实性、趣味性、可操作性,并具有一定的探索性。通过实践活动,拉近数学与人和自然的距离,使学生了解已经掌握的数学知识与生活的联系和应用,体会数学的文化价值和应用价值,初步学会综合运用所学数学知识和方法解决简单的实际问题。

5.满足不同学生的数学学习需求。《义务教育数学课程标准》所列出的目标是全体学生都应达到的基本要求,教材的编写必须明确这些基本要求,不能任意拔高,以确保基本要求的实现。另外,考虑到学生发展的差异和各地区发展的不平衡性,教材编写应体现一定的弹性,为因材施教提供必要的条件,以满足不同学生的数学学习需求,使全体学生都能得到相应的发展,真正实现"不同的人在数学上得到不同的发展"。例如,可以就同一问题情境提出不同层次的问题或开放性问题,使每个学生都能对其中的一些问题给出自己的想法,获得成功的体验。教材中还可以设计一些拓宽知识的选学内容或生动有趣的阅读材料供学生选择阅读,内容应注重数学思想方法的渗透,注重学生的发展,有利于学生认识数学的本质与作用,增强对数学的学习兴趣,而不应该片面追求解题的难度、技巧和速度。课后习题配备应突出层次性,如分为必做题、选做题(通常打上※号)、思考题等。

"综合与实践"内容的设计要使所有的学生都能参与,让不同的学生获得不同的体验和发展,满足所有学生的数学学习需求。

6.介绍有关的数学背景知识。教材中要注重体现数学的文化价值,在对数学内容的学习过程中,教材可以在适当的地方插入一些介绍数学背景知识的辅助材料,如数学发现、数学趣闻、数学史料、数学家介绍以及数学在现代生活中的广泛应用等,使学生对数学的起源与发展过程有所了解,体会数学在人类发展历史中的作用和价值,激发学生学习数学的兴趣。这部分内容的学习可以采用阅读材料的形式呈现。

第二章 小学数学教学的基础理论

第一节 小学数学教学的理论

一、小学生数学学习的内涵及认知特点

小学生数学学习是一种特殊的学习活动,是指小学生在教师的指导下,按照国家《义务教育数学课程标准》的要求,根据小学数学课程提供的信息资源和学习线索有计划、有步骤地掌握数学知识技能,促进自身的数学知识经验、能力和情感态度持久变化的活动过程。

小学数学的认知过程就是数学学习的过程,其实质就是数学思维活动的过程。小学生的数学认知就是主体通过对数学教材内容、数学知识的运用、感知、学习、分析、综合、概括等思维方法去实现对抽象的数学知识的理解掌握,同时能运用到生活中的过程。在这个数学思维过程中,学生要将新的学习内容与原有的数学认知结构相互作用,从而形成新的认知结构。根据小学生已有的认知水平,小学生数学认知有以下特点。

(一)顺序性

小学生对数学内容的认知一般都会经过感知、表象、符号这三个连续的阶段。感知是认知的前提,小学生的形象思维大于逻辑思维,因而先要对数学知识进行感受和体验,知道是什么,才会去进行下一步的记忆、思考。初步感知后进入表象阶段,即学生头脑里保存客观事物的具体形象,这是个中介阶段,如学生对整数认识之后,记住了它,进而才会对这个整数进行理解,去

掌握和运用它。由此便进入符号阶段,即学生将头脑里所获得的表象进行加工提炼,把感性认识上升为理性认识。其实这就是学生将知识内化为一种认知的过程,这种过程是不可颠倒的,小学生在学习抽象的数学知识时只能遵循这个普遍的顺序规律。

(二)发展性

小学生数学学习经历从低级向高级发展的过程,他们的数学思维会从最初的具体形象思维向逻辑抽象思维发展,根据数学知识的渐进性,小学生数学认知会从未知到已知,从现象到本质,一直向前发展。[①]如低学段学习整数的加减法、乘除法,中学段学习整数混合运算和小数加减法,高学段则学习小数乘除法和分数混合运算。

(三)反复性

小学生的认知具有不稳定性,需要多次、反复地认识才能获得对事物的理解。在学习数学的过程中,对数学的认知过程是一个不断发展的过程,要经过多次训练才会渐渐形成稳定的数学认知。所以在数学教学中,课堂练习至关重要,课后巩固也相当关键。

二、小学生数学认知的基本方式

小学生数学认知的基本方式主要为同化和顺应,他们通过这两种方式去建构自己的认知结构。

(一)同化

在小学数学学习中,同化是指学生在学习中将新的数学知识直接纳入认知结构,扩大原有认知结构,使数学认知结构发生变化的过程。例如,小学生学习了整数的乘法运算后,再学习分数的乘法运算时,他们就可用整数乘法的运算意义来理解分数乘法的运算意义。从同化的意义不难看出,同化学习

---

①林静. 小学生数学抽象思维能力的培养研究[J]. 孩子天地,2019(4):25.

的必要条件是所学习的新知识与原有认知结构中的有关内容相联系,即原有认知结构中有能同化新知识的旧知识。在实际运用中,同化可以分为以下几种类型。

1.下位学习。下位学习又称"归属学习",是指学生已有认知结构中的数学知识在包摄性和概括水平上高于所要学习的新知识,把新的数学知识直接归属到原有认知结构的适当部位,使新、旧知识相互联系的学习过程。如学生掌握小数的概念之后再学习循环小数的概念的过程就是一个下位学习的过程,因为循环小数是小数的一部分,它直接可以归于小数的概念,下位学习的学习效果取决于学生对认知结构中具有上位作用的原有知识的掌握水平,如果学生对小数概念掌握得好,那么他们就更容易掌握循环小数的概念;反之,如果学生没有弄清楚小数的概念,那么他们对循环小数就难以有深刻的理解。

2.上位学习。上位学习又称"归总学习",是指学生在掌握几个概念或命题后,进一步学习一个包摄性和概括化水平更高的概念或命题的过程。如学生在一至三年级学习整数的加、减、乘、除运算法则,四年级才学习四则混合运算的法则。四则混合运算法则比单独的加、减、乘、除运算法则的包摄性更高,所以是上位学习。上位学习不仅要求学生认知结构中的原有内容清晰、稳固,而且要求新、旧知识之间要有直接联系,如平行四边形与长方形之间就构成上位学习关系,而平行四边形和三角形就不能构成上位学习关系。

3.组合学习。组合学习又称"联合学习",指所学新知识与学生认知结构中的原有知识既不能形成下位学习关系又不能形成上位学习关系,但在学习中把它们合理地组合起来可能产生某种新的意义的学习过程。如分数与除法两者谁也不能包含谁,但它们联合起来却能产生新的意义——分数与除法的关系,这里对分数与除法的关系的学习来说就是一种组合学习。组合学习必须具备两个条件:一是学习的新知识本身必须具有逻辑意义;二是用于组合的原有知识之间要具备产生新意的要素。

(二)顺应

顺应是指某些新的数学知识不能直接同化到学生原有认知结构中去,必须适当调整或改造学生原有认知结构使其适应新知识的学习,在此基础上将新知识纳入改造后的认知结构中去,从而建立新的认知结构的过程,简言之,顺应就是改造原有认知结构而建立新的数学认知结构的过程。例如,学生在掌握了常数运算后,引入方程的运算,但方程中的未知数是一个常量,由于之前学生的运算活动中没有接触过未知数运算,因此,学生必须要改变原来的认知结构,将常数运算的认知结构改变为常量运算的认知结构,才能理解方程的意义。

在数学学习中,学生一般通过这两种途径来实现顺应:一是调整,二是并列。调整就是改变原有认知结构的组织形式,或赋予原有认知结构中某些观念以新的意义,使之与新知识相适应,并以此为固定点接纳新知识。如在列方程解决问题的学习中,就可以把未知数"x"赋予和已知数同等的地位参与列式和运算。这种调整使学生的认知结构主动适应列方程解决问题的学习。并列就是赋予新知识和认知结构中某些原有观念以一定意义的外在联系,并把新知识和旧知识连接成一定的结构。如学习小数除法时,要把之前整数除法采用列竖式计算时所学的知识作为基础,再学习新方法;被除数与除数的小数点都要向右移动相同的位数,直到除数与被除数都是整数时才能列竖式计算。

在小学数学学习中,同化和顺应总是相辅相成的,一方面在改造新的数学知识内容的同时,学生也必须适当调整自己原有的认知结构,使新知识与原有的认知结构更加吻合;另一方面学生在调整原有认知结构的同时,也总是要对新的数学知识做适当改造,将其内容改造成更利于接纳的形式,从而保证原有认知结构与新的数学知识之间的相互适应。

三、小学数学教学原则

作为一门学科教学,小学数学教学必须遵循教学论的一般原则。例如,

17世纪教学论奠基者夸美纽斯提出了直观性原则、自觉性和积极性原则、巩固性原则、量力性原则、循序渐进原则等,这些原则对于小学数学教学仍然有着一定的指导意义。随着基础教育课程改革的深入,教学原则的研究也引起了很多研究者和教师的广泛关注,他们根据教学论的基本理论,结合小学数学教学的具体特点,不仅进一步充实和完善了传统的教学原则,而且依据系统论、控制论、哲学、心理学等提出了一些新的教学原则。

(一)科学性与思想性相结合的原则

科学性与思想性相结合的原则是指在教学过程中要以正确的方法向学生传授科学的数学知识,并结合教学内容,对学生进行爱国主义、社会主义、辩证唯物主义思想和科学世界观的教育。

教师贯彻这一原则:一要保证教学的科学性,使学生学到科学的数学知识和正确的计算方法;二要注意挖掘数学教材中所蕴含的思想因素,结合数学知识的传授,对学生进行思想品德教育。

(二)严谨性与量力性相结合的原则

严谨性是数学的基本特点。所谓数学的严谨性,是指对数学结论的叙述必须精确,对结论的论证必须严格、周密,要将整个数学内容组织成一个严谨的逻辑系统。量力性是指量力而行,指学生的可接受性,即数学教学内容的深度与进度必须适合学生的探索能力、认知能力、理解能力、接受能力、思维发展水平及年龄特点。

在具体的小学数学教学中,教师主要通过下列各项要求来贯彻严谨性与量力性相结合的原则:教学要求应明确、恰当;教学过程要逻辑严谨、思路清晰、语言准确;教学安排要有适当的梯度,要在研究学生的年龄特点、个性特点、智力能力水平方面下功夫。《标准》要求小学数学教学一方面要面向全体学生;另一方面要顾及学生个体的差异性。这一对矛盾使得教师在贯彻严谨性与量力性相结合的原则时有一定的难度。在强调严谨性时,教师不可忽视学生的可接受性;在强调量力性时,教师不可忽视学科内容的科学性。只有将两者有机地结合起来,才能促进教学质量的提高。

(三)理论与实际相结合的原则

理论与实际相结合的原则是指教学要以学生学习数学基础知识为主导,学生从理论与实际相结合的角度理解知识,并运用所学的知识去分析问题和解决问题。[①]

理论与实际相结合既是认识论与方法论的基本原理,又是教学论的基本原则。理论与实际相结合的原则要求教师在小学数学教学中要尽可能地从学生所熟悉的生活和其他学科的实际问题出发,进行比较、分析、综合、抽象、概括,得出数学概念和规律,使学生受到把实际问题抽象成数学问题的训练。这样做不仅有利于学生理解概念和法则,而且有利于学生提高运用数学知识的能力,有利于学生通过解决实际问题,做到学懂会用,学以致用。

(四)抽象与具体相结合的原则

抽象与具体相结合的原则是指在教学中通过学生的观察,或教师的形象描述,学生对所学事物、过程形成清晰表象,丰富感性知识,从而能正确理解数学基础知识和发展认知能力。

高度的抽象性是数学学科的基本特点之一。数学以现实世界的空间形式和数量关系为研究对象,所以,数学将客观对象的所有其他特性抛开,只提取其空间形式和数量关系进行系统的、理论的研究。因此,数学具有比其他学科更显著的抽象性。这种抽象性表现出了高度的概括性。一般来说,数学的抽象程度越高,其概括性就越强。数学的抽象性还表现为广泛而系统地使用了数学符号,这是其他学科所无法比拟的。

抽象与具体相结合的原则要求教师在小学数学教学中注意借助画图、线段图来帮助学生理解所学的知识内容,注意运用投影仪、幻灯、电视机、多媒体等现代化教学手段进行直观教学。

---

①李敬禄.数学教学要与生活实际相结合[J].读书文摘,2017(19):128—129.

(五)循序渐进原则

循序渐进原则是指教学要按照学科的逻辑系统和学生的认识发展的顺序进行,使学生系统地掌握基础知识、基本技能、基本思想方法和基本活动经验,形成严密的逻辑思维能力。

教师贯彻这一原则:一要按照小学数学教材进行系统教学;二要抓住重点,分散难点,保证学生掌握正确的数学知识。

(六)巩固性原则

巩固性原则是指教学要引导学生在理解的基础上牢固掌握知识与技能,能将其长久地保存在记忆中,能根据需要迅速地将其再现出来。

教师贯彻这一原则:一要引导学生在理解的基础上巩固;二要重视组织各种复习,如章节复习、单元复习、期末复习等;三要精心设计各种类型的练习题,练习题不仅要有一定的数量,而且要有一定的质量。练习题在内容上,不但要有利于学生加深对基础知识的理解,而且要有利于其能力的提高。在题型上,要新颖多样,如选择题、填空题、简答题等。对于难度较大的习题,教师可先让学生相互讨论,再指名让学生回答。这样,学生通过反复练习,巩固了课堂教学成果,学习知识的能力和运用知识的能力也得到了提高。

(七)因材施教原则

因材施教原则是指教师要从学生的实际情况和个性差异出发,有的放矢地教学,使每个学生都能得到最佳的发展。

教师贯彻这一原则:一要根据年级的不同因材施教;二要针对学生的个别情况进行有区别的教学,使优秀者更优秀,学习有困难者有进步。首先,教师要采用各种方法激发学生的学习兴趣,满足学生的学习需求,做到寓教于乐。其次,教师要重视语言的作用,教学语言必须准确、简练,准确传递信息,深入浅出,生动形象。最后,教师要合理使用体态言语,在教学中,手势、眼神、动作等体态言语在沟通师生情感、传递信息时起着不容忽视的重要作用。

学生对教师举动的观察具有独特的敏感性,教师的一个眼神、一个手势都有利于增进师生的情感交流,从而加速激活学生的认知活动,起到重要的教育作用。总之,教师要使每个学生都能在民主、和谐、愉悦而又紧张的课堂氛围中学好数学。

(八)精讲多练与自主建构相结合的原则

精讲是指要讲清、讲透教材的重点。教师对于教学重点,要讲清讲透;对于非重点内容,可以略讲;对于学生通过阅读可以理解、掌握的问题,可以不讲。多练指的是在课堂教学中,教师应多给学生练习的机会并加以指导,引导学生通过练习达到理解、巩固所学知识和提高分析、解决问题能力的目的。

精讲多练与自主建构相结合的原则要求教师在小学数学教学中,一方面要讲清讲透教材的重点和难点;另一方面要让学生经历"再发现""再创造"的自我建构过程。首先,教师在讲解前要布置预习题,引导学生带着问题阅读思考,要求学生动脑动手。其次,教师在讲解中要设疑提问,培养学生思考问题、分析问题的能力。

(九)信息交流多向性原则

心理学家认为,教育像其他的社会过程一样,其成效依靠交往。在课堂教学中,教师不仅要建立师生间的双向交流,还应该建立学生与学生间的广泛的、多向的信息交流,尤其是当学生输入的信息量大于教师输出的信息量时,教学过程才能实现最大的效益。

针对我国班级学生人数较多的情况,教师在教学中应采用以班级授课为主、小组合作学习与个别辅导相结合的形式。小组合作学习时,教师可根据学生的学习水平、智力、性别、性格的差别进行异质分组,以利于学生互相学习;可以寻求一个既利于学生个体获得成功又利于集体获得成功的活动方式;要既强调竞争,又强调学生间的合作;要使每个学生都能获得平等参与学习的机会,为每个学生提供充分发言的机会,尤其要鼓励学习有困难的学生发表自己的认识,要鼓励各组的学生相互帮助,他们属于同龄人,他们用自己的语言所进行的解释往往比教师的解释更易于理解。

(十)教学方法整体优化原则

教师在设计课堂教学结构时,很重要的是要能根据不同的教学任务、教学内容和学生的实际情况,恰当地选择教学方法,并把它们有机地结合起来,做到教学时间用得最少、教学效率最高,达到教学方法整体优化的目的。选择教学方法时,教师除了要考虑常用的谈话、讲解、演示、练习、复习法以外,还要重视操作实验,注意充分利用现代信息技术,而且要尽量为学生设计多种性质的活动空间。

(十一)信息反馈调控原则

在教学中,教师要重视信息的反馈,没有反馈,就谈不上调控,不能调控,也就构不成系统。信息反馈是双向的。学生可以从教师的评价、要求中获得反馈信息,对于得到肯定的学习活动就强化,得到否定的学习活动就予以改正,从而主动调节自己的学习活动。教师可从学生的回答、作业、眼神、表情、行为乃至整个课堂气氛中获得反馈信息,随时检查自己的教学效果,调控教学进程。这样才能保证教与学沟通畅通,达到教学共振,师生心理同步,使教学过程始终处在一个动态平衡的过程中,促进教学过程的优化。首先,信息反馈要及时、准确。在堂课中,教师要随时捕捉来自学生各个方面的反应,以便有针对性地教学。其次,信息反馈要全面、多向。教师要对不同水平学生的反应全面了解,还要在课前、课中和课后全面接受反馈信息。最后,信息反馈要经济、高效。经济是高效的前提。教师要充分提高课堂教学效率。不少教师创造了新的信息反馈形式,如用反馈板、反馈数字卡片、打手势等,使自己提出的每个问题能立即得到全班学生的反应,使自己从中获得大量的一手资料与信息,及时调控教学过程。总之,及时、全面而又经济地获取学生的反馈信息是设计课堂教学结构的重要原则。

(十二)基础与创新相结合的原则

一个有效的数学教学模式、教学原则、教育理论,必须将基础与创新同时加以研究。没有基础的创新是空想,没有创新指导的打基础是傻练。基础要为发展服务,盲目地打基础、过量地练习是无效的劳动。以学生的发展为本,把数学"四基"和数学创新放在一起进行研究,找出适度的平衡,必将成为数学"四基"教学原则研究的指导思想。

综上所述,教学原则是指导教学工作的基本要求和一般原理,是设计教学过程、进行教学活动所应当遵循的行为准则。它是教学必须遵循的基本原则,因此,应贯穿于教学过程的各个方面和始终。

四、小学数学教学方法

(一)教学方法概述

1.教学方法的含义。教学方法是指教师和学生为了完成一定的教学任务而在教学过程中所采用的方法和手段的总称。教学方法是教学思想的反映,是教学原则的具体化和行为化,随着教学思想的更新、教学目标和教学内容的变化而变化。

教学方法受教学思想的支配,又受教学目标和教学内容的制约。在小学数学教学中,对于同样的教材、同样的学生,同一位教师由于采用了不同的教学方法,便产生了截然不同的教学效果,这是屡见不鲜的。教学方法直接影响着学生数学知识的掌握、智力的开发、能力的培养、个性心理品质的形成。

教师在理解教学方法的含义时需要把握以下几个要点:①教学方法是与方式、手段等密切联系的一个概念;②教学方法的采用与教师的教学风格和教学个性有关,其最主要的目的是完成教学任务;③教学方法是一个结构性的概念,主要由教师的教和学生的学有机构成。

2.教学方法和教学方式的区别。教学方法和教学方式是两个既有密切联系又有严格区别的不同概念。教学方式是构成教学方法的基本单位,是教师和学生在教学过程中的具体的行为方式;而教学方法是由许多教学方式所组成的,不是一个单独的行为方式,而是由语言系统、操作系统、实物系统和情感系统等构成的师生双方的活动系统。例如,讲解法是一种教学方法,在讲解时,教师说明、描述某个概念,解释某个名词术语或论证某个命题。这里的说明、描述、解释、论证就是教学方式。在不同的教学方法中可以采用同一种教学方式,在同一种教学方法中也可以采用不同的教学方式。

3.教学方法的作用。从宏观的角度看,教学方法是教学过程中的最重要的因素之一,不用适当的教学方法,就不可能实现教学目标;从微观的角度看,教学方法的作用在于唤起学生的注意力,激发学生的学习兴趣,调节学生的行为,以学生能接受的方式呈现教材内容,增强学生因学习成果带来的满足感。因此,教学方法对完成教学任务、实现教学目标具有重要的意义。当确定了教学内容和相应的教学目标之后教师就必须选择相应的、行之有效的教学方法。否则,完成教学任务,实现教学目标就会落空。可见,教学方法关系到教学的成败。在我国,改革教学方法具有重要的现实意义。

4.小学数学教学方法的特点。小学数学教学方法具有综合性和相对性的特点。

(1)综合性表现为:每种教学方法都是一系列教学方式的综合,或者是几种基本教学方法的组合。对于某一堂课,教师很少只采用一种教学方法,常常是一法为主、多法相助、相互补充、综合运用。

(2)相对性表现为:没有也不可能有某一种或某几种教学方法能普遍适用于一切场合,各种教学方法都有自身的长处和短处,也都有一定的适用条件和适用范围,教师要根据具体的情况科学地选择、灵活地运用。

(二)小学数学教学方法的分类

按照不同的分类标准,可以将小学数学教学分为不同的种类。

1.根据运用教学方法的指导思想来划分。根据运用教学方法的指导思想,小学数学教学方法可分为启发式的教学方法和注入式的教学方法。

2.根据学生获得知识的独立程度来划分。根据学生获得知识的独立程度，小学数学教学方法可分为教师进行较多的组织、学生的活动较少的教学方法，如讲解法、演示法、复习法；教师进行必要的组织、学生的活动较多的教学方法，如谈话法、讨论法、参观法、练习法；以学生的独立活动为主的教学方法，如阅读法、实验法、实习法。

3.根据教学的层次来划分。根据教学的层次，小学数学教学方法可分为基本的教学方法、综合性的教学方法及创造性的教学方法。基本的教学方法主要有讲解法、练习法、谈话法、演示法、实验法、阅读法等，这些教学方法是小学数学教学方法体系的基础。综合性的教学方法是几种基本的教学方法的组合。例如，自学辅导法是阅读法、练习法、讲解法和讨论法的组合；引导发现法是谈话法、实验法、演示法和讨论法的组合。创造性的教学方法是教师在学习和模仿各种综合性的教学方法的同时，不断总结，有所创新，创造出具有自己个性特色的教学方法。

4.根据教师呈现知识的方式来划分。根据教师呈现知识的方式，小学数学教学方法可分为传递接受型、示范模仿型、引导发现型、自学辅导型和情境陶冶型。传递接受型教学方法是指主要通过教师的系统讲授使学生掌握知识的方法，如讲解法。示范模仿型教学方法是指学生对教师示范或课本示范进行模仿练习，从而培养自己的技能、技巧和能力的方法，如范例教学法、尝试教学法等。引导发现型教学方法（简称引导发现法）是指教师向学生提供研究的材料，引导学生探索、发现应得出的结论的方法，如引探教学法、问题探索法、引导发现法、迁移教学法等。自学辅导型教学方法是指学生在教师的指导下自学的方法，如阅读法、自学法等。情境陶冶型教学方法是指通过教学环境的情感渲染，利用人的可暗示性，调动学生大脑中无意识领域的潜能，使学生在愉快的气氛中进行学习的方法，如游戏法、情境教学法、愉快教学法、暗示教学法等。

(三)小学数学常用的教学方法

我国小学数学基本的教学方法有讲解法、谈话法、练习法、演示法、引导发现法、讨论法、阅读法、实验法、实习法、参观法等。以下是几种常用的教学方法。

1.讲解法。讲解法是指教师运用口头语言向学生说明、解释或论证数学概念、法则、规律的一种教学方法。

讲解法的作用是教师能在较短的时间内给学生传授大量的、系统的文化知识,可以对学生进行思想品德教育,能对学生进行美感教育,能充分发挥教师的主导作用。

讲解法适用的对象是小学各年级的学生。

运用讲解法的基本要求如下。

(1)要运用规范的数学语言:教师要正确、清楚地阐明数学概念,运用规范的数学语言,不要随意用其他的语言取代数学语言。

(2)语言要简练易懂,生动有趣:教师在讲解时,语言要清晰、精确、简练,逻辑性强并有感染力;要注意学生的年龄特点,使学生听懂讲解的内容,并且印象深刻。

(3)注意新旧知识的联系:教师讲解新知识时,要选准与新知识密切联系的并作为其基础的旧知识,即要切实地复习那些在学生认知结构中与新知识有最佳关系的生长点,以便由旧引新,促进学生知识的迁移。例如,讲"多位数的认识"时,教师要重点复习万以内数的读写;讲"相遇问题"前,教师要重点复习速度、时间与路程的关系。

(4)注意启发学生积极思维:讲解时,教师要了解学生原有的认知结构与现有的发展水平,努力创造最佳发展区。

(5)注意运用分析与综合、归纳与演绎等思维方法:数学课的讲解与一般的讲述不同,它更注重对关键内容的分析与综合。一些定义、法则和规律都是由若干个部分组合而成的。

因此,教师在讲解时要善于把整体划分成若干个组成部分,根据学生的认知基础排成由易到难的逻辑顺序进行分析,使学生逐个掌握,最后综合起来,达到解决问题的目的。例如,讲"两位数乘法(46×12)"时,先将其分成三个部分,即46×2,46×10,92+460,最后综合得出乘数是两位数的乘法法则。事实上,要掌握数学知识是不能离开分析、综合的。

归纳是由个别到一般的推理,小学数学中的很多概念、法则、公式都是通过不完全归纳法进行讲解的。

演绎是由一般到个别的推理。例如,学过四边形后,学习梯形的定义"只有一组对边平行的四边形叫作梯形";或者,学了梯形后,学习等腰梯形的定义"两腰相等的梯形叫等腰梯形"。根据已学的法则、公式等对个别数学事实做出判断也是演绎。例如,把加法交换律运用于简便算法就是演绎。

归纳和演绎是讲解数学知识时不可缺少的思维形式。

(6)要恰当地运用板书:在讲解重点内容时,教师可以边讲边板书,也可以在讲解结束后总结旧板书。板书要有目的,有计划,简明扼要,条理清晰,布局合理。教师的板书犹如一幅具有整体结构的蓝图,把课堂教学重点、关键,鲜明而又形象地印在学生的头脑之中,起着提纲挈领、画龙点睛的作用。

2.谈话法。谈话法是指教师根据一定的教学目标、任务和内容,向学生提出问题,要求学生回答,在问与答的过程中引导学生获得新知识或巩固所学知识的方法。

谈话法的作用是有助于教师了解学生的情况,便于因材施教;有助于教师了解学生的思维过程和品质,便于训练、优化学生的思维;有助于锻炼和培养学生的综合能力;有助于师生之间情感的交流,以建立良好的师生关系。

谈话法的特点是教师根据学生已有的知识和经验提出一系列的问题,引导学生积极思考,从而达到使学生掌握新知识的目的。谈话法的精髓在于"启发"二字,即要把当前的新课题转化为学生认知中的矛盾,激发其求知欲,以此来推动教学过程的进行。谈话法有利于培养学生的逻辑思维能力和语言表达能力,也有利于教师及时获得反馈信息以调控教学程序,使教学过程处于动态平衡之中。谈话法不仅在讲解新知识时被采用,在巩固旧知识、组织练习时也常被采用。

谈话法适用的对象是小学各年级的学生。

运用谈话法的基本要求如下。

(1)精心设问,有的放矢:施教之功、贵在引导,精心设问是谈话的核心。设问是一种重要的教学艺术,要有目的性、针对性、启发性和连贯性,要问在知识的关键处,问在思维的转折点,要围绕教学重点展开。

(2)谈话要面向全体学生:谈话要面向全体学生,要吸引全班学生积极参与,避免把谈话集中于少数几个"优等生",而使多数学生处于被遗忘的角落。教师可以有意识地根据问题的难易程度问不同水平的学生,调动每个学生的积极性和主动性,使各类学生的思维水平都在各自的基础上得到发展和提高。

(3)谈话时要认真倾听,及时做出评价:对学生的回答,教师要认真倾听并及时做出明确的评价。要肯定每个学生的点滴进步,以增强其学习的自信心。必要时,教师可以进一步提出补充问题以引导学生思考。例如,有的学生说"圆的直径都相等",教师可以追问:"所有的直径都相等吗?"有的学生说"能被1和它本身整除的数叫作质数",教师可以紧接着问:"4能被1整除吗? 4能被4整除吗? 4是质数吗?"这样可以帮助学生及时扫除认识中的障碍,使学生做出合乎逻辑的判断。

(4)谈话要富于启发性,要难易适度:讲授新课时,教师让学生联系已有的知识或经验按教师的提问思考、研究并做出回答。首先,教师要了解学生对认知结构中作为新知识支柱的相应概念的掌握程度、对概念的掌握有没有缺陷、引入新知识将会引起认知结构中的哪些不平衡。其次,教师要了解他们对新课题的学习兴趣和要求,必要时引入一些简单的先行性材料作为新课题的铺垫,使其在心理上做好准备。例如,教学"三角形内角和"时,教师在引出课题时,提问:"长方形,正方形的四个角都是直角,那么,它们的内角和是多少度呢? 三角形的三个角的大小不是固定的,那么,三角形的内角和有没有规律呢?"对于前一个问题要求学生回答,对于后一个问题可以不用学生回答,让学生带着疑问学习新知识。

(5)谈话时要创设生动活泼的气氛:谈话时,可以教师问学生答,也可以学生问,教师答,还可以学生问、学生答,以创设生动活泼、轻松愉快的课堂气氛。

3.练习法。练习法是指学生在教师的指导下,通过练习来巩固知识、形成数学技能、发展智力的一种教学方法。

练习法的作用是教学、教育、发展、反馈。

练习法适用的对象是小学各年级的学生。

运用练习法的基本要求如下。

(1)练习要有目的和要求:练习之前,教师要向学生说明练习的目的和要求,以调动学生练习的主动性和积极性。练习的要求的高低要适当:要求过低,不利于学生的进一步学习;要求过高,有些学生难以达到,会影响他们的学习信心。

(2)练习要有计划地进行:教师要根据教学的内容和目标按照循序渐进的原则来设计练习。例如,在教学新知识前,教师要安排准备性的练习。教学一个概念或法则后。教师要安排巩固性的练习,使学生加深对概念的理解并准确掌握法则。此外,教师还要适当地安排形成技能的练习和复习性的练习。

(3)练习要有层次:技能的形成是一个由懂到会、由会到熟、由熟到巧的过程。练习的安排也应贯彻循序渐进的原则,先单项后综合,先基本后变式,先尝试后独立,有层次地进行。练习一般要经过模仿、熟练和创造三个阶段:模仿阶段是技能初步形成的阶段,在这一阶段,题目可以是基本的、带有模仿性的;熟练阶段是技能的巩固阶段,在这一阶段,可以有变式题、小型综合题,要注意以新带旧,注意知识的系统性;创造阶段是技能的发展阶段,这一阶段的练习题要有一定的综合性和灵活性。促使学生灵活地运用知识去解决实际问题。

(4)练习的数量要适当:练习的数量应根据教学内容和要求而定,练习的内容要有针对性,防止单调重复、盲目多练,以免学生因负担过重而降低练习的兴趣。

（5）练习的要求要有弹性：教师布置作业时要有弹性，对于学习有困难的学生，可以让他们少做几道题，或者专门设计几道题；对于优秀的学生，除要求他们完成规定的练习外，可适当布置一些思考性强的练习题。

（6）练习的方式要多样化：选用多种练习方式可以提高学生练习的兴趣，也有利于他们加深对知识的理解。例如，低年级学生口算练习的形式有集体算、个人算、分组算、听算及找朋友、开火车等游戏性或竞赛性的练习。中高年级的学生可以根据具体内容适当采用各种不同题型进行练习，如填空、判断、选择、改错等。

（7）练习的时间安排要科学：科学地安排练习时间对提高练习效率起着重要的作用。心理学研究表明，技能练习具有规律性；单位时间内完成的练习量随着练习时间的后延而不断增加；随着练习次数的增加，一定量的练习所需要的时间逐步减少；练习次数逐步增加，练习中出现的错误相应地减少。根据这些规律，教师要研究练习时间的长短、次数的多少及间隔的疏密等问题。一般来说，分散练习比过度集中练习的效果好。例如，学生每天花3分钟练习计算，持之以恒，必能使计算能力不断提高。根据艾宾浩斯的遗忘先快后慢的规律，在学生学完新知识后，教师要及时组织练习，练习次数的分布要先密后疏，即在开始练习时，间隔时间要短，次数可以集中些，之后，间隔时间逐步加长，次数也逐渐减少，而且，可以组织学生交叉练习不同的知识。例如，在练习分数四则运算时，教师可以附加一些整数或小数的计算练习；在练习应用题时，教师可以穿插一些几何求积的题目等。使旧知识不断地同化到新知识中，不断得到加深和巩固。

（8）要教会学生练习的方法：教师要培养学生独立完成作业、认真思考和自我检查的良好习惯，即要使学生明确练习的具体目标和要求；要培养学生认真审题、抄题、计算和解答的良好习惯；要培养学生对解答的过程和结果进行细致的检查和验证的良好习惯。

4.演示法。演示法是教师通过教具演示或实物来说明或印证所教的知识的一种教学方法。演示法向学生提供了直观的感性材料，不仅有助于学生理解抽象的数学知识,而且有助于他们发展自身的观察力和思维能力。

数学概念比较抽象,有时单靠教师讲解很难使学生掌握,必须借助实物或教具演示。演示法是直观教学原则的具体体现,因此,在小学数学教学中。教师应当十分重视演示法的应用。在演示过程中,一般伴有教师的解释或提问,以引导学生观察和分析。

演示法的作用是激发学生的学习兴趣,使他们集中注意力;能使抽象知识具体化,缩短学生掌握数学知识的认识过程,提高教学效果。

演示法适用的对象是小学中低年级的学生。

运用演示法的基本要求如下。

(1)演示要有明确的目的:演示的目的要明确,重点要突出。例如,教学"20以内的数"时,教师可选用小木棒、小木块等作为教具,目的是突出十位和个位;教学"万以内的数"时。教师可选用算盘,目的是说明数值的顺序;教学"几何形体"时往往用模型或实物,以使学生形成空间观念;应用题的难点是分析数量关系。对于低年级的小学生可用实物图,对于中年级的小学生可用示意图,对于高年级的小学生,可利用线段图以揭示部分与整体的关系。

(2)课前要准备好演示教具:教具设计要符合差异律、组合律和活动律的要求,大小、色彩及安放的位置都要便于学生对观察对象获得完整的感知。教具应到使用时才展示,以免分散学生的注意力和削弱新鲜感;每节课所使用的教具不宜过多、过杂。

(3)演示要与讲解相结合:只有直观演示与讲解紧密配合,才能充分发挥各自的作用。演示与讲解(或谈话)配合,可以改善学生的观察效果。演示前,教师应向学生提出观察的具体目的和要求,说明观察的方向,要告诉学生:观察什么和怎样观察,以及思考什么问题。

(4)演示后要及时总结归纳:演示后,教师要及时总结所得的规律或结论,使学生的感性认识提高为理性认识。

5.引导发现法。引导发现法是指教师提出课题。让学生完全独立地去探索和发现结论的一种教学方法。引导发现法的作用是能很大程度地激发学生学习的主动性和创造性,提高学生的学习兴趣、培养其思维能力和独立习得知识的能力,使学生了解某些数学知识产生的由来。

引导发现法适用的对象是小学中高年级的学生。

运用引导发现法的基本要求如下。

(1)要掌握引导发现法的教学程序:引导发现法的教学程序大致分为六个步骤:创设问题情境促使学生思考;明确探究的目标和内容;拟定解决问题的途径;根据所得数据寻找问题的答案;组织交流,讨论发现的成果,运用发现的成果。

(2)要重视学生发现的过程:例如,在教学"长方形面积的计算"时,教师给学生创设了问题情境:每人两个大小不等的长方形纸片,一张面积计量纸(透明的方格纸,每个方格的边长为1厘米),几十个表示面积单位的小正方形纸片,一把米尺,要求他们用不同的方法求出每个长方形的面积。学生紧张地操作着,有的用面积计量纸去直接测量,有的用面积单位去"铺方格",有的用尺子去量长方形的长……经历了一番探索后,学生终于找到了解决问题的途径。因此,在学生探索、发现的关键时刻,教师一定要给学生留足时间,要善于等待,让学生有足够的时间去探索、思考。

(3)要注意引导发现法运用的范围:对于约定俗成的内容不宜用引导发现法,如整数的读法和写法、几何形体的名称、四则运算的顺序等。但有些内容可以让学生通过观察、操作、思考发现结果,如长方形、正方形的面积计算,加法和乘法的运算定律等。此外,其适用对象必须是大多数学生在已有经验、相关知识的基础上,通过努力能够发现的规律。否则,费时很长,且不一定能取得好的效果。

(4)要注意发挥教师的主导作用:在一般的教学过程中,教师的主导作用是直接的、明显的;而引导发现法的运用却不然,教师的主导作用是潜在的,比较间接的。反映在准备的教具与学具、设计的方案、估计发现的困难等方面。因此,如何真正地发挥教师的引导作用仍是一个值得研究的问题,一般来说,教师应注意上课前要细致地设计方案,明确探究的目标和所需要的操作材料;要充分估计学生在探究中可能遇到的困难、可能产生的问题,必要时,可以适当启发;当学生得出某些错误的结论时,要引导学生去讨论或辨析,不要过早地做出评判。必要时,教师可配合适当的讲解。

6.讨论法。讨论法是指根据教学的要求,学生在教师的指导下,围绕某些问题各抒己见,展开辩论。辨明是非真伪,以此提高认识问题的能力的方法。

讨论法的作用是培养学生的思维能力、研究能力和语言表达能力,有效地培养学生的组织管理能力。

讨论法适用的对象是小学高年级的学生。

运用讨论法的基本要求如下:①要注意讨论法适用的对象和范围;②要注意使用讨论法的时间和频率;③要组织好讨论的过程。

以上阐述了小学数学教学中常用的几种基本方法。随着教育科学的发展,新的教学方法还会不断产生。

(四)小学数学教学方法的选择依据

小学数学的教学方法是多种多样的,每种教学方法都各在其适用范围,也有自身的局限性。因此,教师要针对教学实际。根据教学目标和任务、课题内容、学生的年龄特点和水平,以及学校的教学设备等因素综合考虑,灵活地选用教学方法。

一般来说。选择小学数学教学方法要依据以下四个方面。

1.教学任务。教学方法是多种多样的,各有其适用范围。例如,感知新教材时,以演示法、操作实验法为主;理解新教材时,以谈话法、讲解法为主;在形成技能技巧时,以练习法为主。教师为低年级的小学生教学"乘法的初步认识"时,宜用演示法和谈话法;为了让学生熟练地掌握乘法口诀,教师宜选用练习法;教师为高年级小学生教学"一个数乘以分数的意义"时,可选用讲解法或谈话法。

2.教学内容。在符合具体教学目标、教学内容特点的前提下,教师以有利于学生形成良好的知识结构为目的来选择教学方法。不同的教学内容有其不同的特点和教学目标,有时可以将几种教学方法有机地结合起来。将多种教学方法有机地结合并加以灵活运用本身就是一种综合的教学方法。

小学阶段的几何属于直观几何,因此,演示法、操作实验法是教学几何初步知识的基本方法。在教学中,教师要充分利用实物、教具和学具引导学生进行拼摆、折叠、绘画、测量等实际操作,使学生掌握图形的特征,形成初步的空间观念。应用题教学的重点在于引导学生在全面分析数量关系的基础上掌握解题思路,一般教师应选用谈话法或辅之以讲解法。此外,对不同的新教材,教学时也应采用不同的教学方法:当新旧教材联系十分紧密时,往往应采用谈话法、引导发现法,在关键处点拨即能奏效;当教学某个崭新的"起始"概念(如第一次认识分数)时,就要采用操作实验法等。

3.学生的年龄。学生的年龄不同,其心理和生理的发展水平也不同。没有一种教学方法适合教所有的学生和所有的教学内容。不同的年级、不同的班级的学生的实际水平也不同,因此,选择教学方法一定要结合所教班级的具体情况。

对于低年级学生,可以多用演示法、操作实验法。并辅之以引导发现法;对于中年级学生宜用谈话法;对于高年级学生可适当采用讲解法和自学辅导法。此外,教学方法的选择还要视不同班级的情况而定,有的班级的学生思维相当活跃,可考虑采用引导发现法;有的班级的学生自我评价能力较强,可以增加独立作业;有的班级的学生抽象概括能力较为突出,可以减少直观手段;有的班级的学生自学能力较强,可适当采用自学辅导法。

4.教师的特长。教师的教学水平、教学经验、教学能力、习惯和特长不尽相同,教师要根据自身的特点来选择相应的教学方法,以充分发挥自己的特长。运用演示法或实验法等方法教学时要具备相应的条件。若条件不具备,教师应结合教学效果考虑改用其他更为有效的教学方法。

例如,有的教师擅长板书,可以结合教学内容边讲边板书,这能达到很好的教学效果;有的教师长于言辞,善于表达,采用讲解法能达到预期的效果。

要提倡教学法的百花齐放,不同的教师可以有自己独特的教学风格。

教无定法,贵在得法。教学方法的选择要综合考虑各个因素,忽略任何一方都会影响教学效果。教学方法的选择要讲求实效,只依赖一两种方法进行教学,无疑是有缺陷的。教师要注意多种方法的有机结合,逐步做到教学时间用得最少,教学效果最好,达到教学方法的整体优化。例如,教长度单位时,要用演示法;教三角形的内角和时,可以用实验法等。教学时,教师为了有效地完成教学任务,可以合理选用多种教学方法,如边讲边练。

(五)小学数学教学方法的指导思想

启发式教学是确定小学数学教学方法的指导思想。启发式作为一种教学思想由来已久。孔子曰:"不愤不启,不悱不发。"这是说当学生想知而不知、想说而说不出时,教师给予点拨指引,这就叫作启发。怎样启发呢?《学记》中有精辟的论述:"道而弗牵,强而弗抑,开而弗达。"这是说要引导学生,不要牵着学生走,要鼓励学生而不要压抑他们,要指导学生的学习而不要和盘托出,这样才能使学生豁然开朗。

启发式不是一种具体的教学方法,而是确定教学方法的指导思想。同样地,一种具体的教学方法,由于指导思想不同,可能是启发式的,也可能是注入式的。例如,讲解法虽然是一种注入式的教学方法,学生相对比较被动。但是,如果教师讲得条理清晰,深入浅出,画龙点睛,扣人心弦,同样能起到启发思维的作用。因此,衡量教学方法时不能只看形式,必须看其实质,要看其能否遵循学生的认知规律,最大限度地调动他们学习的主动性、积极性,能否自始至终地引导学生直接参与学习过程,培养他们独立获取知识的能力。

(六)小学数学教学方法的改革趋势

根据《义务教育数学课程标准》的基本理念,我国小学数学教学方法的改革呈现出了以下的发展趋势。

1.注重课程目标的整体实现。数学教学不仅要使学生获得数学知识技能,而且要把知识技能、数学思考、问题解决和情感态度四个方面的目标有机结合,整体实现课程目标。因此,无论是设计、实施课堂教学方案,还是组织教学活动,教师不仅要重视学生获得知识技能,而且要激发学生的学习兴趣,引导学生通过独立思考或合作交流感悟数学的基本思想,引导学生在参与数学活动的过程中积累基本经验,形成认真勤奋、独立思考等良好的学习习惯。

2.注重学生在学习活动中的主体地位。学生是数学学习的主体,在积极参与学习活动的过程中不断得到发展。学生要获得知识,必须建立在自己思考的基础上,既可以通过接受学习的方式,也可以通过自主探索等方式;学生要运用知识并逐步形成技能,离不开自己的实践;学生只有亲自参与教师精心设计的教学活动,才能在数学思考、问题解决和情感态度等方面得到发展。

教师应成为学生学习活动的组织者、引导者、合作者,为学生的发展提供良好的环境和条件。

教师的组织作用主要体现在两个方面:第一,教师应当准确把握教学内容的实质和学生的实际情况,确定合理的教学目标,设计好的教学方案;第二,在教学活动中。教师要选择适当的教学方式,因势利导,适时调控,营造师生互动、生生互动、生动活泼的课堂氛围,形成有效的学习活动。

教师的引导作用主要体现在:通过恰当的问题或富有启发性的讲授,引导学生积极思考;通过恰当归纳和示范,使学生理解知识,掌握技能,积累经验,感悟思想;关注学生的差异,用不同层次的问题或教学手段引导每个学生都能积极参与学习活动,提高教学活动的针对性和有效性。

教师与学生的合作主要体现在教师以平等、尊重的态度鼓励学生积极参与教学活动,启发学生共同探索,与学生一起感受成功和挫折,分享发现和成果。

教师要处理好学生主体地位和教师主导作用的关系。学生在学习活动中的主体地位的落实,依赖于教师在教学活动中的主导作用的有效发挥。教师富有启发性地讲授、创设情境、设计问题,引导学生自主探索、合作交流、组织学生操作实验、提出猜想、推理论证等,都能有效地启发学生思考,使学生逐步学会学习。

3.注重学生对基础知识、基本技能的理解和掌握。知识技能既是学生发展的基础性目标，又是落实数学思考、问题解决和情感态度目标的载体。

数学知识的教学应注重学生对所学知识的理解。学生掌握数学知识不能依赖死记硬背，而应以理解为主，并在知识的应用中不断巩固和深化。教师应注重数学知识与学生生活经验的联系，引导学生进行观察、分析和抽象概括；教师应揭示知识的数学实质及其体现的数学思想，帮助学生厘清相关知识之间的区别和联系；教师要注重知识的生长点，把每堂课教学的知识置于整体知识的体系中，处理好局部与整体的关系。

在基本技能的教学中，教师不仅要使学生掌握技能操作的程序和步骤，而且要使学生理解程序和步骤的道理。例如，对于整数乘法，学生不仅要掌握如何进行计算，而且要知道相应的算理。

4.注重学生数学思想的感悟。注重学生数学活动经验的积累。数学思想是数学知识和方法在更高层次上的抽象和概括，学生在积极参与教学活动的过程中逐步感悟数学思想。例如，分类是一种重要的数学思想，学生在学习数学的过程中经常会遇到分类问题，因此，教师在教学活动中要使学生逐步体会为什么要分类，如何分类，如何确定分类的标准、被分的母项和分得的子项，使学生逐步感悟分类是一种重要的思想。学生学会分类，有助于学习数学知识，也有助于分析和解决数学问题。

学生数学活动经验的积累是提高数学素养的重要标志。帮助学生积累数学活动经验是数学教学的重要目标，数学活动经验是在数学学习活动过程中逐步积累的。

5.注重学生情感态度的发展。设计教学方案、进行课堂教学活动时，教师应当经常考虑以下的问题：①如何引导学生积极参与教学过程；②如何组织学生探索并鼓励学生创新；③如何引导学生感受数学的价值；④如何使学生愿意学、喜欢学，对数学感兴趣；⑤如何让学生体验成功的喜悦，从而增强自信心；⑥如何帮助学生锻炼克服困难的意志；⑦如何培养学生良好的学习习惯。

在教学活动中,教师要尊重学生,以强烈的责任心、严谨的治学态度、健全的人格感染和影响学生;要不断地提高自身的数学素养,恰当地进行养成教育。

6.注重处理好四个关系。

(1)面向全体与关注个体差异的关系:教学活动应努力使全体学生达到课程目标的基本要求;同时,要关注学生的个体差异,促进每个学生在原有基础上得到发展。对于学习有困难的学生,教师要给予及时的帮助,鼓励他们主动参与数学学习活动,及时地肯定他们的点滴进步,从而增强他们学习数学的兴趣和信心;对于学有余力并对数学有兴趣的学生,教师要为他们提供足够的材料和思维空间。指导他们阅读,发展他们的数学才能。教师要鼓励与提倡解决问题策略的多样化,引导学生通过与他人的交流选择合适的策略,丰富数学活动的经验,提高思维水平。

(2)预设与生成的关系:教学方案是教师对教学过程的预设,教学方案的形成依赖于教师对教材的理解。教师实施教学方案是把预设转化为实际的教学活动。师生的互动往往会生成一些新的教学资源,这就需要教师能够及时把握,因势利导,适时调整预设,使教学活动收到更好的效果。

(3)合情推理与演绎推理的关系:推理贯穿于数学教学的始终,推理能力的形成和提高需要一个长期的、循序渐进的过程。推理包括合情推理与演绎推理。教师应该设计适当的学习活动,引导学生通过观察、尝试、估算、归纳、类比、画图等活动发现一些规律,猜想某些结论,发展合情推理能力。通过实例使学生逐步意识到,结论的正确与否需要演绎推理的验证,可以根据学生的年龄特征提出不同程度的要求。

(4)使用现代信息技术与教学手段多样化的关系:积极开发和有效利用各种课程资源,合理地应用现代信息技术,注重信息技术与课程内容的整合,能有效地改变教学方式,提高课堂教学的效益。现代信息技术不能完全代替原有的教学手段,其真正的价值在于实现原有的教学手段难以达到甚至达不到的效果。在应用现代信息技术的同时,教师还应注重课堂教学的板书设计。必要的板书有利于促使学生的思维与教学过程同步,有助于学生更好地把握教学内容的脉络。

五、小学数学教学过程

不同的教学思想和教学理论有不同的教学过程理论,归纳起来,大致有认识说、特殊认识说、认识—实践说、儿童发展说、认识—发展说、双边活动说、多质说或复合说等几种有代表性的主张。

(一)小学数学教学过程的含义

由于教学的最基本的特性是育人,因此,教学过程主要是一个促使学生知识、能力、情感、态度和价值观全面和谐发展的过程。而作为一门特定的学科教学,小学数学教学必须充分体现小学数学的特点。小学数学教学过程是师生双方在教学目标的指引下,以小学数学课程内容为学习载体,教师组织和引导学生系统地学习和掌握数学知识、发展数学能力、形成良好心理品质的认识与发展相统一的活动过程。

(二)小学数学教学过程的本质

《义务教育数学课程标准》强调,在小学数学教学的全过程中,学生是学习的主体,教师是组织者、引导者、合作者。据此,小学数学教学过程的本质从结构上讲,是一个以教师、学生、教材、教学目的和教学方法为基本要素的多维结构;从功能上讲,是一个教师引导学生掌握数学知识、发展数学能力、形成良好心理品质的认识与发展相统一的过程;从性质上讲,是一个有目的,有计划的师生相互作用的多边活动过程。

(三)小学数学教学过程的特征

教学过程既是一个特殊的认识过程,又是一个促进学生全面发展的过程,是认识与发展相统一的活动过程。其有以下几个显著的特征。

1.以发展初步逻辑思维能力为核心。任何一门学科的教学都是以促进学生知识、能力、情感和态度的全面发展为主要任务的。小学数学学科的特点决定了小学生掌握数学基础知识与良好的数学能力密不可分；而空间观念、问题解决等能力的形成以初步的逻辑思维能力为基础。因此，小学数学教学过程是一个以发展初步逻辑思维能力为核心的促进学生全面发展的过程。这是小学数学教学过程有别于其他学科教学过程的一个重要特征。

小学数学教学过程要求学生在掌握数学知识的基础上，提高计算能力、初步的逻辑思维能力、空间观念和创新意识、用所学的数学知识解决简单的实际问题的能力，培养良好的思想品德和个性心理品质，以促进素质的全面发展。例如，在教学内容的选择上，教师要选择那些具有现实性、趣味性和挑战性的教学材料，让学生了解数学的价值，增强应用数学解决实际问题的能力。此外，教师要鼓励学生运用多样化、个性化的学习方式获取数学知识。

2.以小学生为认识主体。以基本数量关系和空间形式为认识对象。小学数学教学过程的认识主体是小学生，他们的思维正处在以具体形象思维为主要形式、以基本数量关系和空间形式为认识对象的阶段，认识主体和认识对象的特殊性决定了小学数学教学过程的特征。这要求教师在教学中必须加强实际操作和直观教学。

3.以小学数学教材为中介。小学数学教材是数学知识的载体，是教学活动中教师与学生、学生与学生多边互动的中介，既是教师教的依据，又是学生学的对象。在小学数学教学过程中，教师在教学中发挥主导作用，是教学过程的组织者、引导者与合作者，不仅决定着学生学的进程，还影响着学生学的方法。在教与学的相互作用中，教师通过有效的手段和方法引导学生卓有成效地认识、理解、掌握教材内容，把教材的知识结构转化成自己的数学认知结构，从而使教师的教对学生的学产生积极的促进作用。

4.形象思维与逻辑思维、合情推理与演绎推理相结合。小学生思维的特点是以具体的形象思维为主，并逐步向抽象逻辑思维过渡，而且，这种抽象逻辑思维在很大程度上依赖于形象思维。小学生是小学数学教学过程中的主体，这个阶段的学生习惯于感受具体生动的事物，他们在学习过程中对于感性材料具有更多的依赖性，往往难以理解抽象概括的知识内容。但由于数学知识具有高度的抽象性和严密的逻辑性,小学生对于数学知识尚不具备直接的理解力。因此,在小学数学教学过程中,首先,教师要加强直观教学,借助充分的感知和丰富的表象来支撑学生的思维。其次,教师要按照小学生认知发展的顺序和数学知识的逻辑顺序组织教学,注意形象思维与逻辑思维、合情推理与演绎推理的有机结合。例如,在解决数学问题时,教师既要借助线段图等直观教学的手段使学生认识其中的数量关系,又要用分析与综合的方法去引导学生寻求解题的途径。

(四)小学数学教学过程的构成要素

小学数学教学过程是教师的教与学生的学的双边活动统一的过程。教师和学生是整个教学过程中的两个主要因素。又因为小学数学教学过程是使学生掌握知识技能、发展数学能力、形成科学态度并养成良好思想品质的过程,所以,这一过程的进行必然要利用一定的教学中介(如教学目的、教材,教学方法、教学手段等),因此,教学中介也是小学数学教学过程的主要因素。教师、学生和教学中介是小学数学教学过程的三大要素,它们之间的内在联系和相互作用构成了一个完整的小学数学教学过程系统。小学数学教学过程不仅受到社会与时代的制约,而且受到数学学科特点的制约。

1.教师。教师在整个小学数学教学过程中始终处于主导地位,是教学过程的组织者和调控者。因此,小学数学教师是构成小学数学教学过程的一个核心要素,没有小学数学教师便没有小学数学教学过程。片面地强调学生的主体作用而忽视教师的主导作用,是对小学数学教学过程本质的一种歪曲。由此可见,小学数学教学过程的本质属性决定了教师在教学过程中的主导地位和作用,随着教学改革的不断深入,这种作用将会越来越明显。

2.学生。在小学数学教学过程中,虽然学生自身的年龄特点、认识水平和数学学科特点决定了他们的学习活动只有在教师的具体指导下才能进行。但是,教师的指导和帮助对他们来说归根结底只是一种外因。外因是变化的条件,内因是变化的依据,外因通过内因而起作用。因此,学生的发展最终要通过他们自身的主观努力才能实现,无论是数学知识的掌握,还是数学能力和良好思想品质的养成,都是在教师指导下学生自己主动学习的结果。

《标准》强调,学生是学习的主体,在教学过程中处于主体地位。如果离开了学生这个主体,教学目的的导向作用、教师的主导作用、教材内容的中介作用及教学手段和教学方法都会失去意义。

3.教学中介。教学中介也称为教学资料或教学影响,是构成小学数学教学过程必不可少的一个基本要素。它是教学活动中教师作用于学生的全部信息,包括教学目标、教学内容、教学方法、教学手段、教学组织形式、教学环境等诸多因素。在诸多教学中介中,教学内容最为重点。

第二节 小学数学学习理论的作用

一、行为主义学习理论及其对小学数学学习的影响

行为主义产生于20世纪初的美国,是在美国进行的一场心理学革命。行为主义反对传统心理学的观点,重视对人的行为进行研究,同时主张心理学不应只是研究人脑中的意识,而应去研究那种从人的意识中折射出来的人的行为。该理论认为,具体的行为反应取决于具体的刺激强度,因此,他们把"S-R"(刺激反应)作为解释人的一切行为的公式。本节主要谈桑代克和斯金纳的学习理论及其对小学数学学习的影响。

(一)桑代克的"试误论"

在行为主义学习理论中对小学数学学习产生影响的比较典型的理论是桑代克的"试误论"。

1.试误论。桑代克通过动物迷箱实验,提出了"刺激反应联结"学说。他认为动物在这个不断地"刺激反应"的试误过程中,可以表现出一种理智和创造性的行为,而人类学习也是在这种无意识下形成"刺激—反应"的联结过

程。也就是在学习中,学习者对情境所引起的反应又是学习者在情境过程中不断尝试和改正错误的结果。在数学学习中,桑代克就主张用训练和练习的方式进行学习,即在不断训练、练习的过程中让学生不断尝试、改正错误。同时他还经过长期的实验研究和理论分析,提出了三条基本的学习律:准备律、练习律、效果律。

(1)准备律:桑代克认为学习者是否会产生学习的动机,完全跟学生是否做好准备有关。例如,当学生被要求解答"6+7"这样一个式子时,学生可回答"13""42",甚至"-1"。如果在学生回答"13"时给予强化,那学生很快就习得了做加法的准备或心理定式。由此,对于学习准备本身来说,也可以是在学习情境中所获得。

(2)练习律:练习律是指反应重复的次数越多,"刺激—反应"之间的联结便越牢固。它主要包括应用律和失用律两种形式。桑代克认为一个已经形成的可变联结,如加以应用,力量则会变强,就是使用律,如不加以应用,力量则会变弱,就是失用律。在数学学习中,教师讲解完某一定理或概念时,就要适当地安排一些练习,反复训练,使学生能更好地理解和掌握这一概念、定理。

(3)效果律:效果律是三大基本学习律中最核心的部分。再后来,桑代克把准备律和练习律都归为效果律的从属原则。效果律主要是指当反应对环境产生某种效果时,学习才会发生。凡是带来满意的结果的行为会被加强,而导致烦恼的不如意结果的行为就会被削弱。效果律也包括正强化律和负强化律,即奖励和惩罚都可以用来控制行为,不过后来桑代克进行了修改,认为从效果看,赏罚不能等同,赏比罚力度更大,由此发现"效果扩散律",也就是奖励不仅增加了受奖反应的重复率,还能增加邻近反应的重复率。在数学学习中,当学生能正确作答时,教师应及时给予肯定,增加学生成功的体验,如果学生不能很好地解决问题,也不要盲目地指责和批评,要帮助学生找到失败的原因,给予鼓励,增强学生的信心。

2.试误论对小学数学学习的影响。桑代克的学习理论多出自动物实验,由动物推及人类,因而这种理论存在机械主义倾向,忽视了人类学习的主观能动性。但是他的学习理论对小学数学学习还是有一定的指导意义。"试误论"就是让小学生的数学学习有一定的尝试错误的过程,不过是有目的、有意识的。比如,小学生在做数字魔方填写时,不会一次就完全正确,在这个过程中,学生会用许多数字去试填,失败了就继续换,直到填写正确,把数字魔方完整地填写出来。其实这种尝试错误的学习方法,不仅获得了问题的解答,而且也能从中得到解决问题的经验。当然不是每个数学题都会用到不断尝试错误的方法,它也有一定的局限性。除此之外,"效果律"对于培养学生学习情绪,引发学生学习动机是有积极意义的;"练习律"在概念、法则、原理学习后强调练习、训练等方面也是值得借鉴的。

(二)斯金纳的强化学习理论

1.强化理论。无论是桑代克的试误理论,还是巴甫洛夫的经典条件反射理论都曾提到过"强化",但是真正对"强化"进行全面系统研究的则是斯金纳。斯金纳认为,任何能够提高一个特定反应出现概率的事物就是强化,强化在有机体条件反应的形成中起着关键作用,强化决定了动物的行为是否会发生变化,新的行为模式要练习多少次才能形成,以及形成后能保持多久。强化是斯金纳学习理论的核心概念。

强化按其形式分,可以分为正强化和负强化。

正强化又称积极强化,是一种积极的刺激,它跟随在有机体行为之后出现,能够提高该行为再次出现的概率。用作正强化的刺激物有食物、水、表扬等。简单地说,正强化就是通过对正面强化物的给予,引起积极行为的增加。在学校中,正强化表现为老师对学生良好的行为给予及时表扬,鼓励学生继续努力,奋勇向前,这些行为会进一步促进学生的学习,促进学生良好行为习惯的养成。

负强化又称消极强化。负强化也是一种刺激,它的出现可以中止某种行为。可以用作负强化的刺激,通常是大的声音、强光、极度的冷和热、疼痛、电击等。负强化是通过对正面强化物的剥夺,引起积极行为的增加。或者说,负强化就是对不良行为给予否定。例如,在学校中,学生为了逃避老师的批评与责罚,会按时完成老师布置的作业。

正强化是用于加强所期望的个人行为,负强化是为了减少和消除不期望发生的行为,这两种强化的类型相互联系,相辅相成,构成了强化的体系。

2.强化理论对小学数学学习的影响。斯金纳的强化理论虽然存在一定的片面性,但是对小学数学学习还是有一定的影响。数学课堂上,教师采取有效的奖惩措施,可以激发学生对数学学习的兴趣,让学生爱上数学,提高数学学习成绩,并且促进他们身心全面、和谐、健康地发展。老师在进行学生管理时,也可运用不同的强化手段和方法,因材施教,以便达到学生管理的最高境界。

二、认知主义学习理论及其对小学数学学习的影响

认知主义学习理论与行为主义学习理论相对立,源自格式塔学派的认知主义学习理论。20世纪50、60年代中期之后,随着皮亚杰、布鲁纳、奥苏伯尔等一批认知心理学家大量地创造性工作,使学习理论的研究进入了一个辉煌时期。他们认为,学习就是面对当前的问题情境,在内心经过积极组织,从而形成和发展认知结构的过程。认知主义学习理论强调刺激—反应之间的联系是以意识为中介的,强调认知过程的重要性。这些学习理论对小学数学学习也产生了积极的影响。

(一)皮亚杰的认知发展阶段理论

皮亚杰最为著名的认知理论就是儿童认知发展阶段论,他认为儿童认知发展有四个阶段,每一个阶段都有着不同理解世界的方式,而运算则是他划分阶段的核心概念。

1.认知发展阶段理论。包括:第一,感知运动阶段(0—2岁)。本阶段儿童只具有图形认知,只能靠感觉和动作来认知周围世界。第二,前运算阶段(儿童开始说话—7岁)。本阶段儿童能用语言、符号来描述事物,具有表象

的思维能力,但不具备可逆性。第三,具体运算阶段(小学一年级—青少年早期、11岁)。本阶段儿童处于具体形象思维向抽象逻辑思维过渡的阶段,但还是只能以具体形象事物作为支撑,不能离开感性经验,已具备可逆性和守恒性。第四,形式运算阶段(12—15岁)。本阶段儿童已经完全能够在头脑中把形式和内容分开,能进行抽象思维和命题运算。

这四个认知发展阶段都有其独特的结构,但是具有连续性和阶段性。根据儿童的年龄特征,或个人、环境等因素,会造成阶段的提前或延后,但其先后顺序是始终不变的,低级向高级过渡时,高一级阶段的认知始终是低一级阶段认知的延续发展。

2.认知发展阶段理论对小学数学学习的影响。根据皮亚杰的认知发展阶段理论,小学生正处于具体运算阶段,他们能进行初步的逻辑思维,但运用数学符号解释和推理还有困难。因此,在这种理论基础上,教师在对这个阶段学生进行教学时,就应强调小学数学学习的直观和形象,将事物操作、学生自发活动和解决问题活动作为教学的主要手段,让学生形成丰富的数学知识表象,从而进一步发展抽象思维。

(二)布鲁纳的认知发现说

1.发现学习论。布鲁纳提出的最为著名的学习理论就是"发现学习论"。他认为学生的心智发展是遵循学生本身认知特点的,教学主要是帮助发展学生的认知,而发现学习有助于激发学生内在学习动机,帮助他们的智慧得到生长,是一种最佳的学习方式。发现学习法具有以下特征。

(1)重直觉思维:布鲁纳认为直觉思维对科学发现活动很重要,它的本质具有映象性和图像性。布鲁纳认为可以帮助儿童形成图像或表象,然后去表现他们的世界中所发生的事物,而不是过早地用语言文字去指示学生。也就是说直觉思维不用按照程序接受知识,只要在熟悉了有关的知识领域和结构之后,就能使其自然发生。

(2)重内在动机:布鲁纳所重视的内在动机主要是帮助学生形成内部动

机,或者把外部动机转化为内部动机。也就是在学习过程中,通过激发学生的内在动机,对学生学习的信息及时反馈和纠正,使得学生能主动要求学习,提高自己。

(3)重学习过程:在这个过程中,布鲁纳主要强调学生不是被动的、消极的思维知识接受者,而是主动积极的知识探究者。教师在学生学习过程中,就应该处于引导的地位,不断创设情境,让学生自主探究知识。因为学习本该是一个过程,而不是结果。在布鲁纳看来学习过程就是重视学生自己的认知活动和培养学生解决问题的能力,如在2+5=7的学习中,7这个结果并不是太重要,关键是让学生在运算这个式子过程中,要掌握7是如何与2和5发生关联的。

(4)重信息提取:布鲁纳通过实验表明,学生如何组织信息,对提取信息有很大的影响,所以他认为人类记忆应该是提取,不是贮存。虽然有些偏激,但学生亲自参与发现知识的活动,必然会自主地用某种方式进行组织,从而达到记忆的最佳效果。

2.发现学习论对小学数学学习的影响。小学数学学习应该重视用直观形式去感知抽象的数学概念,为以后进一步学习掌握数学概念的科学性和逻辑性打下基础。发现学习理论,非常注重教师的引导过程,无论是内在动机的激发,还是学习过程的引导,都要求学生能积极主动地发现新知识。这样不仅能使学生增加学习的兴趣,而且学生通过自己探索去发现新知识,能提高学生学习的成就感。

(三)奥苏伯尔的认知同化论

1.认知同化论。在认知主义中,奥苏伯尔主要注重认知结构。他定义的认知结构是一个人的观念的全部内容和组织,或一个人在某个知识领域的观念的内容和组织。因此,奥苏伯尔认为学习过程就是在原有认知结构基础上形成新的认知结构的过程。学生头脑中已有的认知结构与新的知识进行相互作用,新的知识就会被同化到学生已有的认知结构中去。这样的学习结果不仅使学生原有的知识结构得到补充,而且新的知识也被赋予了新的意义。奥苏伯尔的认知结构与新知识所发生的同化作用的学习理论被称为认知同化论。

在学习过程中,学习者如果能积极主动地把新知识与已有的认知结构联系起来,并获得新的知识,奥苏伯尔认为这就是有意义的学习。当然在有意义学习的过程中,除了学习者自身有强烈的心理倾向外,所提供的学习材料也应该是有意义的,同时学习者原有认知结构在与新知识发生同化作用时,应适当、稳定和清晰,这是有意义学习的必备条件。当然,与有意义学习相反的就是机械学习。在奥苏伯尔看来,学生的学习应该尽可能有意义,所以他对有意义学习也做了很精确的定义:用语言文字或符号表述的新知识能够同学习者认知结构中的已有知识建立起实质性和非人为的联系。实质性的联系就是指新旧知识之间本来就有的联系,而不是字面上的联系,也就是学习者不用经过文字的思考,直接就能看出新旧知识之间的关系特征。非人为的联系则是新的观念与原有观念建立了内在联系,而不是任意随便地联系。

为了使认知同化理论在学习中更有效地应用,使有意义学习得到更好的实现,奥苏伯尔还提出了"先行组织者"策略,即教师在教新知识之前,应向学生提供一些具有概括性和引导性的学习材料,通过这些材料,能启发学生联想到新旧知识之间的关系,能提高学习者对学习材料和自身认知结构在发生作用时的辨别性,更避免学生机械地学习。

2.认知同化论对小学数学学习的影响。奥苏伯尔的认知同化理论、有意义学习对我国小学数学学习研究产生了积极的影响。首先,小学教材的结构、内容应该全面优化,要选取有意义、逻辑性强的内容,结构上的编排也要做到前后知识的联系与照应。其次,为学生创造恰当的数学情境,让学生有主动学习的倾向。再次,有目的地优化学生的认知结构,使学生的认知结构具有逻辑性。最后,教学中可以在新知识学习之前向学生提供具有概括性、引导性的"组织者",并通过这些"组织者"去增强新旧数学知识之间的联系,这样更利于学生对新知识的掌握。例如,解决有关整数乘法应用问题之前,就可以先向学生呈现一些相关的数学公式,如"单价×数量=总价""速度×时间=路程"等,由于这些基本数量关系学生在学习定理的时候已经掌握,所以通过它们就能将乘法问题这一新的学习任务跟学生原有认知结构中的知识直接联系起来,为新的学习建立联系。

三、建构主义学习理论及其对小学数学学习的影响

认知主义进一步发展,形成了一种新的学习理论——建构主义。建构主义认为世界是客观存在的,但可以根据自己的经验来建构现实,每个人的经验都是由自己的头脑创建的,每个人的经验及对经验的信息处理是有差异的,从而也导致对外部世界理解的差异,因而在人脑中储存的信息需要先接受现实环境信息并进行加工,包括积极地选择、注意、知觉、组织、储存和激活信息,然后实现自我信息的建构。

1.建构主义学习理论。建构主义认为学习不是知识简单地由外到内进行转移和传递,而是学习者主动地建构自己的知识经验的过程,即通过新经验与原有知识经验的双向的相互作用,来充实、丰富和改造自己的知识经验的过程。学习不是知识由教师向学生的传递过程,而是学生建构自己知识的过程,学习者不是被动的信息吸收者,相反,他要主动地建构信息的意义,这种建构不可能由他人替代。学习者的这种知识建构过程具有以下三个主要特征。

(1)学习的主动性:面对新信息、新概念、新现象或新问题,学习者必须通过高层次思维活动,即付出努力的认知活动,充分激活头脑中的先前知识经验,然后通过不断思考,对各种信息和观念进行加工转换,基于新、旧知识进行综合和概括,解释有关现象,形成新的假设和推论,并对自己的想法进行反思性推敲和检验。学习者作为学习活动的主人,承担着学习的责任,需要对学习活动进行积极自主的自我管理和调节。

(2)学习的社会性:建构主义强调不同的学习者都有不同的知识经验、社会经验,在对待同一个问题时不同的学习者会有不同的想法和结论。因此,

不同的学习者通过互相沟通、交流、合作,可以更好地完成学习任务,即多向社会性和相互作用可以给学习者彼此的知识构建搭建丰富的资源平台。

(3)学习的情境性:建构主义者提出,知识是存在于具体的、情境的、可感知的活动中的,它不是一套独立于情境的知识符号,不可能脱离活动情境而抽象地存在,它只有通过实际情境中的应用活动才能真正被人所理解。建构主义强调学习者一定要把所学知识与一定的真实任务情境联系起来,然后通过合作解决情境性问题。

2.建构主义学习理论对小学数学学习的影响。建构主义是对已有知识的再一次组织,突出一种过程,因而首先要突出学生的主体性地位。首先,强调学生应该积极参与到学习过程中来,在与现实世界、材料以及与其他学生的相互作用中建构、修正和整合自己的观点,而教师只能组织、引导或者参与到学生的学习活动中。其次,还要重视外界环境的影响。建构主义主张知识不能被传递,也不能被打包,而是必须由每个学生根据自己已有经验基础独立建构的观点。学生在数学知识的建构过程中,会产生很多问题,在形成一个好的知识结构前,都必须反思、交流、改进、发展,在这种情况下,就必须增强学生和其他学生以及教师的互动,使其思维真正得到发展。最后,数学知识结构不是孤立的系统,它包括了很多方面的知识、经验,而且会直接受到生活经验的影响。对于小学生来说,具体形象的经验更能帮助其体会知识。因此,教师应该要从生活经验出发,创设最直观的情境,激发学生的学习动机。

四、人本主义学习理论及其对小学数学学习的影响

人本主义心理学是20世纪50至60年代在美国兴起的心理学派别,是与传统的行为主义和精神分析两大学派相对立的"第三种力量"。它关注的是个人的感情、知觉、信念和意图,这些是使一个人不同于另一个人的内部行为。它的研究主题是关于人的潜能和价值问题,主要理论是"自我实现理论"。该学派自产生以来,对心理学研究有重大的冲击作用,对数学教育方面也同样有巨大的影响,该学派代表人物是罗杰斯。

1.罗杰斯有意义学习观。罗杰斯认为学习方式分为有意义学习和无意义学习。他倡导的有意义学习,不仅仅是一种增长知识的学习,而且是一种把每个人各部分经验都融合在一起的学习,是一种使个体的行为、态度、个性以及在未来选择行动方针时发生重大变化的学习。罗杰斯和奥苏伯尔的有意义学习是有区别的,前者关注的是学习内容和个人之间的关系;而后者强调新旧知识之间的联系,不涉及个人意义。

罗杰斯认为有意义学习主要具备四个要素:①学习具有个人参与的性质,即整个人(包括情感和认知两方面)都投入学习活动;②学习是自发的,即便在推动力或刺激来自外界时,要求发现、获得、掌握和领会的感觉仍来自内部;③全面发展,也就是说它会使学生的行为、态度、人格等获得全面发展;④学习是由学生自我评价的,因为学生最清楚这种学习是否满足自己的需要,是否有助于他获得想知道的东西,是否明了自己原来不甚清楚的某些方面。

罗杰斯所倡导的学习原则的核心就是让学生自由学习。他认为教师只要信任学生,信任学生的学习潜能,并愿意让学生自由学习,就会在与学生的交往中形成适合自己风格的、促进学生学习的最佳方法。

2.人本主义学习理论对小学数学学习的影响。罗杰斯的有意义学习观,对小学数学学习也有积极的指导作用。罗杰斯的有意义学习观让教师重视研究学生的情感对学习的促进作用,从传统的重视认知教学转到认知和情感并重教学方面来,真正从教师中心转到学生中心上,使学生成为认知和情感的主体,而不仅仅只是认知的主体。

注重"完整的人"的数学教育,不要只搞"以智力开发为主的颈上教育",应当使学生成为真正的人。在课堂教学中,教学设计要真正从学生出发,给学生更多的自由,让学生真正参与其中。在教学中,要注重学生的自我完善、自我发展,以学生为主体,不要把学生当作接受知识的机器。数学教育还要注重培养学生的自重、自尊、自信,使他们充满希望和成功,而不是自卑、焦虑、失望。数学教育要让学生真正获得成功,通过数学学习,促进他们健康人格的形成。

第三节 小学数学教学理论的应用

一、弗赖登塔尔的数学教育理论及其在小学数学学习中的应用

弗赖登塔尔是荷兰著名的数学家和数学教育家。他在长期的数学教育研究实践中,逐步形成了适应儿童心理发展,符合教育规律,经得起实践检验,并且有自己独特风格的数学教育思想体系。他在数学教育理论研究方面的主要成果为"现实数学教育理论"和"数学教学原则"。

(一)现实数学教育理论

这个理论具有五个基本特征:①情境问题是教学的平台;②数学化是数学教育的目的;③学生通过自己的努力得到的结论和创造是教育内容的一部分;④"互动"是主要的学习方式;⑤学科交织是数学教育内容的呈现方式。这些特征又可以用三个词加以概括,即数学现实、数学化、再创造。

1.数学现实。数学来源于现实,存在于现实,并且应用于现实,这是它的基本出发点。在运用"现实的数学"进行教学时,必须明确认识以下几点:第一,数学的概念,数学的运算、法则以及数学的命题,都是因为自然世界的实际需要而形成的,是现实世界的抽象反映和人类经验的总结。数学的过去、现在、未来都是属于现实世界和社会的。因此,数学的教学内容来自现实世界,把那些最能反映现代社会生活需要的最基本、最核心的数学知识和技能作为数学教育的内容。第二,数学研究的对象是现实世界同一类事物或现象抽象而成的量化模式。而现实世界的事物、现象之间又存在着各种各样的联系。从而,数学教育的内容就不能仅仅局限于数学内容的内在联系,而应该涉猎与其他学科之间的联系。例如,在小学数学学习数的大小时,就不能只教学生用数学方法进行数量比较,而是要把数量关系运用到实际生活中去,让学生从实际生活中去感受数的大小。这样才能使学生一方面可获得既丰

富多彩又错综的"现实的数学"内容,掌握比较完整的数学体系;另一方面,学生也有可能把学到的数学知识应用到现实世界中去。第三,数学教育是为不同的人提供不同层次的数学知识,每个人都有自己的一套"数学现实"。数学教学必须从学生的数学现实开始,现实在不断地扩展,教师的任务就在于确定各类学生在不同阶段所必须达到的"数学现实",并随着学生们所接触的客观世界越来越广泛,了解并掌握学生所实际拥有的"数学现实",从而据此采取相应的方法,予以扩展,予以丰富,以逐步提高学生所具有的"数学现实"的程度并扩充其范围。数学教育本身也应该是以这些不同的数学现实为基础构建的课程体系,并通过这些课程不断地扩展每个人的"数学现实",使每个人在数学上都获得最大的发展。

在"数学现实"的思想里,弗赖登塔尔还主张把客观现实材料和数学知识融为一体,使数学教学过程经历从现实背景中抽象出数学知识的全过程,着眼于能力的培养。例如,在教学小学数学加法时,有很多不同的实际途径引入,如可以通过公共汽车经过各个停靠站时上下车的人数来说明。假定汽车里原来有5个人,在第一个停靠站上来了3个人,在第二个停靠站又上来了2个人等,这时汽车里人数就分别是(5+3)个,(5+3+2)个……这样小学生就可以自己形成加法的概念,并找出加法运算的规律。在这里乘公共汽车就是小学生所接触过的"现实",自然数2、3、5就是他们拥有的现实数学知识,教师就是根据这两方面的"现实",帮助学生学习加法这一"现实的数学"知识,并用这些知识扩充学生的"数学现实"。

其实,根据小学生的数学认知特点,最需要的就是借助于现实来理解掌握数学知识,在数学的教学中,应提供给学生各自的"数学现实"内容,即"学生自己的数学"。通过"现实的数学教学",学生就可以利用自己的认知活动,构建数学观,促进数学知识结构的优化。

2.数学化。弗赖登塔尔认为数学化就是数学地组织现实世界的过程,即人们在观察、认识和改造客观世界的过程中,运用数学的思想和方法来分析和研究客观世界的种种现象并加以整理和组织,以发现其规律的过程。数学化是一种由浅入深,具有不同层次、不断发展的过程。它具有两个维度的特征:一个是水平数学化,就是从"生活"到"符号"的转化过程,即从背景中识别数学→图式化→形式化→寻找关系和规律→识别本质→应用到已知的数学模型(现实的、经验的);另一个是垂直数学化,就是从低层到高层数学化的过程,即猜想公式→证明→一些规则→完善模型→调整综合模型形成新的数学概念→一般化过程(现实的、经验的)。当然这两个过程是不能分开的,而是交错在一起的。

除了认识数学化的过程,还应该了解数学化的对象。数学化的对象包括数学本身和现实客观事物。对数学本身的数学化,就是深化数学知识,或者是数学知识系统化,形成不同层次的公理体系和形式体系。对客观事物的数学化,形成了数学概念、运算法则、规律、定理,以及为解决实际问题而构造的数学模型等。需要强调的是,数学化是一个过程,是从一个问题开始,由实际问题到数学问题,由具体问题到抽象概念,由解决问题到更进一步应用的一个教育全过程,而不是方程、函数等之类的具体的数学素材。传统数学课本是"教给"学生数学现成结果的教材,最容易忽略的就是过程。把数学化作为数学课本内容的一部分,是要使课本成为学生自己去"发现"一些已有数学结果的辅导书。通过一个充满探索的过程去学习数学,让已经存在于头脑中的那些非正规的数学知识和数学体验上升发展为科学的结论,让学生从中感受发现数学的乐趣,增进学好数学的信心,形成应用意识、创新意识,从而达到素质教育的目的。

3.再创造。再创造是指探索前人发现问题的过程,通过"做数学"再现数学新知识的发现过程。学生"再创造"学习数学的过程实际上就是一个"做数学"的过程,这是目前数学教育的一个重要观点。它强调学生学习数学是一个经验、理解和反思的过程,强调以学生为主体的学习活动对学生理解数学的重要性,强调激发学生主动学习的重要性,并认为"做数学"是学生理解数学的重要条件。弗赖登塔尔说的"再创造",其核心是数学过程再现。这要求教师"设想你当时已经有了现在的知识,你将是怎样发现那些成果的;或者设想一个学生学习过程得到指导时,他应该是怎样发现那些成果的"。当然,这不是简单地由学生本人把学的东西自己去发现或创造出来,教师的任务是引导和帮助学生去进行这种再创造的工作。也不是简单的教师指导下的学生活动,而是通过教师精心设计,创造问题情境,通过学生自己动手实验研究、合作商讨,探索问题的结果并进行组织的学习方式。这对于新课程改革下强调培养学生创新能力有很好的借鉴意义。

(二)数学教学原则及其在小学数学学习中的意义

弗赖登塔尔归纳的"数学教学原则"主要有数学现实原则、数学化原则、再创造原则三个原则,这是与他的数学教育理论相对应的。

1.数学现实原则。数学现实原则是指用数学知识来解决现实中的问题,它包含两层含义:一是指教师要将客观现实与学生的数学认识统一起来,即教育要根据学生的"数学现实"进行。二是指教师要将客观现实材料与数学知识的现实融为一体,即教学过程要让学生经历从现实背景中抽象出数学知识的过程。

在数学教学中可以通过设计与现实生活密切相关的问题,帮助学生认识到数学与生活有着密切联系,学会用数学知识去解决实际问题。通过这样的过程,数学教育将随着不断扩展的现实发展,同时数学教育本身又促使了现实的扩展,正像数学与现实世界的辩证关系一样,数学教育也应该符合这样的规律。例如,借助从商店出售各种牌子、不同规格的商品所获得的利润计算引进矩阵的乘法概念,以及它的运算法则等。

2.数学化原则。数学化原则是指从实际问题中抽象出数学知识。它有三层含义:一是在教学中要让学生通过直观与抽象的结合,通过不断地观察、比较、归纳和实践,提高数学知识水平,掌握数学技能与方法。二是要针对学生不同"数学化"水平有的放矢。三是人类所要学的不是作为一个封闭系统的数学,而是作为一种活动,作为一个从实际问题出发的数学化过程,如果需要的话,也包括从数学概念出发的数学化过程。

遵循数学化原则可以培养学生从实际问题中抽象出数学问题的抽象思维能力,学会数学的思维,进而提升学生的数学素养。回顾历史上最早的传统数学教育,其做法就是教师通过机械的途径,将各种结论灌输下去,学生被动地接受这些结果,死记硬背,机械模仿,不知道它的来龙去脉,所获得的只是知识的形式堆砌,既不考虑它有什么用处,也不问它们互相之间是否有内在联系,可以说很少包含数学化的成分。之后数学教育逐渐有所进步,人们比较多地考虑到实际的经验,也建立了不少现实的模型,从而进入了经验的轨道,即较多地顾及水平的数学化,使所获得的数学知识具有一定的实用价值,可以解决一些客观现实中的问题。如有的国家所设置的"消费者数学"之类,但这些知识又往往琐碎、零星、不成体系,忽视了数学本身的内在联系,尤其是忽略了数学的逻辑演绎结构,较少注意数学化的纵深发展。为了纠正上述偏向,以布尔巴基为代表的"新数学"运动的做法,就采用了构造的途径,强调数学的演绎结构,重视逻辑推理的论证,试图以结构主义的思想来组织整个数学教育,以提高抽象的逻辑思维水平,把形成严谨的演绎结构体系作为唯一的目标,从而又由一个极端走向了另一个极端,忽视了数学的现实性,忘却了数学教育的根本目标还是要为现实世界服务,而且一味追求抽象,强调严谨,这也不符合教学规律与认知规律。从历史的经验教训中,我们应该得出这样的结论,那就是:数学教育的正确途径应该是现实的数学化途径,我们所需要的课程体系应该全面而完善地体现数学化的正确发展,既要强调现实基础,又要重视逻辑思维,既要密切注意数学的外部关系,也要充分体现数学的内在联系,要能将这两者有机地结合在一起,那才是数学教育所必须遵循的正确路线。用上述观点分析我国的数学教育现状,实质上走的是"形式化""严谨化"的路子,与布尔巴基学派的形式主义做法基本相同(尽管内容上有现代与经典之分),都是忽视"现实应用",否认"数学化"过程,以逻辑演绎和形式计算为最终目标。这种数学教育思想当然是不足取的,弗赖登塔尔的"数学化"原则应该为我们所借鉴。

3.再创造原则。再创造原则是指数学过程再现,是弗赖登塔尔针对传统教学中"将数学作为一个现成的产品来教""只是一种模仿的数学"而提出的一种教学原则。

再创造原则对小学数学的意义有:首先,通过"做数学"所得到的知识与能力比听教师讲理解得更透彻、掌握得更快、善于应用而且记忆保持长久。其次,发现是一种乐趣,通过"再创造"来进行学习能够引起学生的数学兴趣,并激发数学学习动力。再次,通过"再创造"方式进一步促进学生形成数学教育是一种人类活动的看法。日常生活中,像"狗""椅子"等概念,都不需要事先给予严格的定义,儿童通过实际接触,自然地形成了概念。数学中的一些东西,同样来自现实,也可以通过学生的实际感受而形成概念。以学习平行四边形概念为例,教师可以出示一系列的平行四边形的图形或是实际例子,告诉学生这些就是"平行四边形",让学生自己进行比较、分析、研究,在经过反复地观察与思考后,他们就会发现"平行四边形"的许多共同性质,如对边平行,对角相等、邻角互补、对角线互相平分等。接着就会发现这些性质之间的联系,可以由一个性质出发推出其他的性质,在教师的引导与学生间相互讨论的基础上,学生不仅掌握了平行四边形的概念,同时也理解了形式定义的含义以及各种相关性与等价定义的概念,也就是说,学生通过自己的实践活动学会了怎样定义一个数学的概念,对定义的必要性与作用都会有更深的体会,通过这样的"再创造"方式进行的概念教学,显然比将一个现成的定义强加给学生要有效得多。当然,每个人有不同的"数学现实",每个人处于不同的思维水平,因而不同的人可以追求并达到不同的水平。一般说来,对于学生的各种独特的解法,甚至不着边际的想法都不应该加以阻挠,要让他们充分发展,充分享有"再创造"的自由,甚至可以自己编造问题,自己寻找解法。从教师的角度,应该在适当的时机引导学生加强反思,巩固已经获得的知识,以提高学生的思维水平,尤其必须有意识地启发,使学生的"创造"活动逐步由不自觉或无目的的状态发展为有意识有目的的创造活动,尽量促使每个人在所能达到的水平上尽可能地提高。

总之,弗赖登塔尔的数学教育思想与新课程改革所强调的以学生为主体,发挥学生自主学习的能力,培养学生发现问题、解决问题的能力,提升学生创造精神是完全吻合的。因此,弗赖登塔尔的数学思想对我国小学数学学习的研究具有极大的借鉴意义。

二、波利亚的解题理论及其在小学数学学习中的应用

(一)波利亚的解题理论

1.解题。波利亚认为,解题是智力的特殊成就,题目是数学的心脏,数学教学的本质在于教会学生解题,解题思想应当诞生在学生心里,教师仅仅像助产士那样行事。因此在教学中,教师最主要的任务应该是发展学生解决问题的能力。为了回答"一个好的解法是如何想出来的"这个令人困惑的问题,他专门研究了解题的思维过程,用朴素而现代化的形式来阐明探索法(即有助于发现的探索方法),并集几十年教学与科研之大成写成《怎样解题》一书,该书于1948年出版,风靡世界。其中"怎样解题表"仔细分析了求解各种数学问题时的思维过程,成为经典的解题思维方法,而"怎样解题表"也是波利亚的解题理论的核心内容。

2.怎样解题表。"怎样解题表"主要由四步构成,且四个部分是层层递进的。其分别是:了解问题、拟定计划、实现计划、回顾。

(1)了解问题:①未知数是什么? 已知数是什么? 条件是什么? ②可能满足什么条件? ③画一个图,引入适当的符号;④把条件的各个部分分开。

(2)拟定计划:①你以前见过它吗? ②你知道什么有关的问题吗? ③注视未知数,试想出一个有相同或相似未知数的熟悉问题;④这里有一个与你有关而且以前解过的问题,你能应用它吗? ⑤你可以改述这个问题吗? 回到定义;⑥你若不能解决这个问题,试先解一个有关的问题。你能想出一个更容易着手的有关问题吗? 一个更一般的问题? 一个更特殊的问题? 一个类似的问题? 你能解决问题的一部分吗? ⑦你用了全部条件吗?

(3)实现计划:实行你的解决计划,校核每一个步骤。

(4)回顾:①你能校核结果吗？你能校核论证吗？②你能用不同的方法得出结果吗？③你能运用这个结果或方法想到别的问题上吗？

从这张解题表中可以看出,波利亚很注重对学习者思维能力的培养。解题是培养学习者思维能力的一个重要途径,而数学学习又是对思维能力要求特别高的活动。教学生发现问题,进而解决问题,才是学习数学的关键和实质。数学课程标准中也提到,学生在数学学习中要学会学习、学会思考、学会解决问题。因此,波利亚的解题步骤使学生学会如何发现、分析及解决问题,是值得借鉴的。

(二)解题理论对小学数学学习的影响

1.有利于提高学生的思维能力。在波利亚的解题理论中,四个步骤的设计非常紧密,逻辑性很强,层层深入,处于形象思维阶段的小学生在数学学习中,经过这种层层剖析的发现解题法的训练,将会大大提升他们的数学思维能力。

2.有利于提高学生的数学素质。波利亚认为,任何学问都包括知识和能力两个方面。对于数学,能力比起仅仅具有一些知识来说重要得多。因此,数学教学的目的应该是发展学生本身的内蕴能力,而不仅仅是传授知识。波利亚发现,在日常解题和攻克难题而获得数学上重大发现之间,并没有不可逾越的鸿沟。他说:"一个重大的发现可以解决一些重大的问题,但在求解任何问题的过程中,也都会有点滴的发现。"要想有重大的发现,就必须重视平时的解题,因此平时解题训练的目的不是为了应付考试、升学,而是在于提高学生的数学素质。

3.有利于提高学生独立探索的能力。从教育心理学角度看,"怎样解题表"的确十分可取,利用这张表教师可行之有效地指导学生自学,发展学生独立思考和进行创造性活动的能力。波利亚在主张学习探索时,有个主要特点就是变更问题,启发灵感,在他看来,解题过程就是不断变更问题的过程。事实上,"怎样解题表"中许多问题和建议都是直接以变化问题为目的的,如你知道什么有关的问题吗？你能不能试想出一个有相同或相似未知数的熟悉问题？你能改述这个问题吗？你能不能用不同的方法重新叙述它？你能想出一个更容易着手的有关问题吗？一个更一般的问题？一个更特殊的问题？一个类似的问题？你能否解决问题的一部分？你能不能从已知数据中导出某些有用的东西？能不能想出适于确定未知数的其他数据？你能改变求未知数或已知数，必要时改变两者，使新未知数和新已知数互相更加接近吗？如果对问题不进行变化，那么做题过程中是不会有什么进展的。因此，波利亚训练培养的是学生的独立探索能力和思考问题、分析问题的能力。

第三章 小学数学教学策略

第一节 小学数学教学策略概述

一、从教学理念的角度进行分析

小学数学教学中,教师要培养学生的主体意识,让学生主动参与到课堂教学活动中去,并使学生成为课堂的主人,让他们在自主探究与合作交流的过程中获取知识,形成能力。这种教学理念不仅能够激发学生的学习兴趣,还能提高学生的自主学习能力和动手实践能力。此外,小学数学教学还要求教师要为学生营造一个民主、平等的学习氛围。在这样的环境下,学生能够放下心理包袱,轻松地学习和思考。从教学理念的角度分析,小学数学教学策略是指在数学教学中教师要结合教材内容和学生实际情况采取一系列的教学手段来帮助学生更好地进行数学学习。

二、从教学目标的角度来看

小学数学教学的目标是提高学生的数学综合能力,而数学综合能力则是指学生在掌握一定数学知识的基础上,能够将所学的数学知识运用到生活实践中去,解决现实生活中出现的各种数学问题。[①]因此,教师在进行小学数学教学时,要根据学生的实际情况和教学条件来设计合适的教学活动,这样才能提高学生的综合能力。在具体操作中,教师可以根据学生的具体情况来采用不同的教学策略。例如,在讲解"乘法"这一章节内容时,教师可以将学生

①郭予,靳志华,李娜. 浅谈数学课堂中动手实践的有效性[J]. 明日,2021(3):1—2.

分成几个小组进行讨论交流,让每个小组都先提出自己的想法,然后再互相交换意见。这样可以使学生在思考和交流中提升自身的综合能力。又如,在讲解"轴对称图形"这一章节内容时,教师可以让学生动手进行操作。

三、从学生的实际情况来看

小学生正处于学习知识的初级阶段,其思维方式、思考方式和理解能力等都还不够成熟,因此,教师在进行教学时,要注重培养学生的思维能力。例如,在讲解"商不变性质"这一章节内容时,教师可以让学生用"一盒巧克力、两个苹果、三个梨、四个香蕉……"的数量关系来表示出两个数之间的关系。教师可以让学生先将这些数据进行分类整理,然后再把它们进行整合,从而得出两个数之间的关系。通过这种方式,学生可以从数量关系的角度来思考问题,并能很快地理解这些知识点。此外,在讲解"数形结合"这一章节内容时,教师可以让学生先用文字来描述出一个数的形状,然后再根据这个数的形状来画出相应的图形。通过这种方式,学生不仅能提高自己对数学知识的理解能力和运用能力,还能提高自己的想象力和创造力。

四、从教学内容来看

小学数学教学的内容是较为复杂多样的,数学教师在进行教学时要根据不同课程内容采取不同的教学策略。例如,在讲解"平行四边形"这一章节内容时,教师可以让学生自己动手来拼出一个平行四边形,然后再根据平行四边形的性质来判断它是长方形还是正方形。通过这种方式,学生不仅能更好地掌握平行四边形的性质,还能提高自己的动手操作能力和思维能力。再如,在讲解"多边形面积"这一章节内容时,教师可以让学生通过画图、分一分等方式来表示出多边形的面积。在这种方式下,学生不仅能更加直观地掌握多边形的面积计算方法,还能锻炼自己的画图能力。此外,教师在讲解"图形与几何"这一章节内容时,可以让学生通过动手操作来计算出图形的周长。

五、从课程性质来看

小学数学课程属于一门基础性学科，是学习后续知识的基础。因此，数学教师在进行小学数学教学时，要注重培养学生的思维能力。

从教学条件来看，小学数学课程标准对小学数学教学提出了具体的要求。这些要求包括：必须激发学生学习数学的兴趣；在教学过程中要注意培养学生良好的学习习惯；要培养学生进行自主探究和合作交流的能力；要注重对学生创新能力和实践能力的培养。

从教学方法来看，小学数学教师在进行教学时，要注意采用多样化的教学方法，以便充分调动学生学习数学知识的兴趣。

第二节 基于师生互动的小学数学教学策略

一、设计合理的教学方案，营造自主学习空间

从教学过程的角度去实现师生互动，首要的就是要准确把握师生互动活动的切入点——学习兴趣点和探究点。把握学生学习过程中的兴趣点，兴趣是学生积极主动参与学习活动的心理倾向，是推动他们进行学习活动的内在动力。教学中，教师要善于抓住学生学习过程中的兴趣点，让它成为师生展开有效互动所必需的动力。把握学生学习过程中的探究点，一般来说，整堂课中的探究点就是这节课的教学重点，教师的一些关键的教学设计都是围绕如何去突破探究重点的。为了达到理想的师生互动效果，在找到数学教学师生互动切入点和探究点的基础上，还需要在教学过程中，针对教学内容采取有效的师生互动途径和方法。

在小学数学课堂教学中，师生互动过程中可能会产生哪种"化学反应"，产生什么样的问题是无从预料的，所以应在教学活动开展之前，结合教学情况设计教学方案，确保教学活动能够朝着预先设定的目标发展，实施开放式

的教学形式,营造轻松、欢快的自主学习空间。基于此,首先,教师应充分发挥自身的教学实践经验以及智慧,采取有效措施来应对课堂上可能出现的变化,教师需要灵活应变,及时有效地应对教学活动中出现的突发状况,有针对性地进行解决,只有这样才能保证课堂教学活动有效开展。其次,掌握分寸。在课堂教学活动开展中,教师需要掌握说话的分寸。由于小学生自身年龄较小,认知水平较低,如果教师对其要求过高可能会造成其心灵的创伤,影响其对学习的兴趣,反之如果对学生过于放纵,会严重影响课堂纪律,降低教学成效。所以,教师应保证说话和行为的分寸,充分了解学生的个性化需求、学习能力以及性格特点,并在此基础上有针对性地对学生进行教育活动。最后,循序渐进提升课堂教学成效,构建师生互动型教学模式是一个长期的过程,教师应总结学习规律,为学生认知水平提升营造良好的环境,调动学生参与积极性,激发学生思考能力和创新能力,掌握全新的理论知识。如在讲授"认识角"一课时,教师可以让学生寻找教室中存在的角,或大或小,引导学生对角两边的直线长短进行分析,同角度大小是否存在关联,通过师生之间的互动交流,能够进一步提升课堂互动效果。

二、构建平等对话和师生互动

小学数学课堂教学,最主要的是要加强教师和学生之间的互动和交流,在这个过程中,师生之间的关系是平等的。[①]所以,为了确保小学数学课堂教学活动的有效开展,提高互动的有效性,需要构建平等对话,为学生营造轻松、欢快的学习环境,促进师生关系融洽。只有师生之间保持平等对话,才能实现真正的交流,促使师生之间思想充分交融,提升课堂教学成效。

三、依托于实际生活

在小学数学教学活动中,由于其自身特性有着较强的实用性。如果课堂教学内容只是停留在教材内容上,将很难有效培养学生举一反三、灵活多变

---

①陈景.浅谈小学数学课堂中师生之间的互动[J].读与写(教育教学刊),2018,15(12):179.

的数学能力,从而对学生未来发展产生不利影响。所以,为了能够更好地激发学生课堂学习的兴趣,需要从实际生活中取材,让学生对生活从感性认知上升到理性认知。如在讲解《人民币兑换》一课时,教师可以模拟菜市场买菜场景,组织学生扮演卖菜的商贩和买菜的消费者,在模拟的过程中了解人民币的兑换。这样做不仅能够为学生带来新鲜感,还能实现课堂教学目的,培养学生良好的数学素养,灵活应用到实际生活中。实现师生互动数学知识的学习,不是认知、熟记课本现成知识的过程,而是一个从知识的产生到形成规律的认知过程。这就要求教师和学生在实践操作互动过程中,去一起构建、体验、探究知识形成和发展的来龙去脉,从而在熟练使用数学方法的过程中,加深对知识的理解,甚至获取新的知识。以概念形成过程中的师生互动为例,课堂中数学概念引入,是数学概念教学的第一个环节,也是十分重要的环节。概念引入得当,就可以紧紧地围绕课题,充分地激发起学生的兴趣和学习动机,为学生顺利地掌握概念起到奠基作用。事实上,数学概念有很大一部分都是从生活实践中提炼出来的,并且新课程标准强调数学学习要从"学生已有的生活经验出发",就是让学生学会联系实际学习,这就要求教师要注意在师生互动的过程中设计贴近学生生活的情境,从现实生活中的问题引入数学概念。

四、推行小组合作形式

学生之间的交流有助于思维碰撞,产生火花,同样是互动性课堂构建的一个重要内容,合理的小组合作形式不仅能够强化学生的口语交际能力,还能提升学生的自主学习能力,丰富教学内涵。因此,小学数学教师应组织学生小组合作,为其设置相应的探究性问题,促使学生在轻松的学习氛围中,合作完成探究过程。教师应以旁观者的角色来看待学生小组之间的沟通和交流,对于其中存在的问题予以适当指导,提升互动性课堂的教学成效。如在"圆的周长"教学时,教师可以从圆周率和圆的特征引导学生深入思考,并且借助相应的教学道具来启发学生,最终由小组代表对讨论成果进行汇报,之后予以纠正和指导,以加强学生的知识记忆能力。

五、在重视渗透数学思想方法中实现师生互动

在教学中,教师们不仅要重视知识形成的过程,还要十分重视发掘在数学知识的发生、形成和发展过程中所蕴藏的重要思想方法,从而实现师生间的有效互动。例如,在《数墙》一课中,要让学生理解上下三个数的关系,并且找对哪三个数是本堂课中解决数墙问题的关键,所以在上课的开始就可以引入品字形的概念,向学生传达排列成品字形的三个数间有一定的数量关系,在探究中重点渗透品字形与其中数的规律,具体设计如下。

老师:"猪老三觉得这样的品字形围墙太矮了,他要造高一点的,仔细观察他造的墙里藏着一个小秘密。你有什么发现吗? 先和你的同桌说一说。"

学生讨论后交流:"3+5=8;5+6=11;8+11=19。"

老师:"这堵墙里你看到品字形了吗? 上来指一指。"(闪烁品字形)

学生:"左边有个品字形,右边有个品字形,上面有个品字形。"

老师:"每个品字形里的算式谁能连起来说一说? 能不能用一句话说说他造墙的规律?"通过几个学生分别说一说每个品字形里的算式之后可以进行小结:"每一个品字形中,上面一个数字是它底下两个数字相加的和。像这样用数字造的有规律的墙就叫数墙。"

这样更能在学生脑海中留下印象,原来排成品字形的三个数间有一定的规律,这正是联系了学生已有的语文知识,发挥出了创意和想象。在这一环节的师生互动中,学生加深了品字形中下面两个数相加是上面一个数的认识,这样找品字形的方法可运用到后面数墙的题目中,是本节课的主要解题方法,学生只要能找到对应的品字形,就能用加法或减法算式填出墙中的数字。

总之,在课堂教学过程中,去思考师生互动,不仅需要对师生互动的内涵有一个深入理解,还要为师生互动创设情境,寻找切入点以及探寻适当的互动途径。

六、构建良好的教学氛围

构建一个良好的教学氛围是非常有必要的。例如,在小学数学课堂上经常发现有的学生精神疲惫,不能很好地集中注意力,导致学生通常跟不上教学进度。

在这种情况下,如何调动学生的学习兴趣呢? 如教学"可能性"时,可以从口袋里掏出10粒糖果,说道:"这里有5粒奶糖,5粒巧克力,包装一样,请问最多挑几次才会吃到同样的糖? 最少挑几次会吃到同样的糖? 答对有奖哦!"利用糖果调动学生兴趣,构建良好的教学氛围。

在学生积极思考的同时,教师在一旁引导,对答错的学生也给予一粒糖的奖励。通过积极的奖励制度,激发学生进行思考,消除学生的疲惫感,将学生的注意力重新集中在教师身上。这种互动模式能够构造良好的教学氛围,通过加强互动,能够促进师生之间的情感交流,能够调动学生的学习兴趣,让学生乐于学习,并让学生了解到学习能够让自己获得收益。

七、合理设计问题

在加强师生互动时,问题设计得好坏,可以严重影响师生互动的质量。通过合理的问题展开,能够有效地展开下一阶段的学习,因此在实际的教学过程中,要对问题进行合理设计,能够让学生理解,语言要简洁明了,能够让学生充分弄清问题含义。

通过学生求和、求差等四则运算,可以让学生对数列变化规律进行摸索,促进学生的探究精神。让学生感受到数学变化的无穷,只要弄清楚其中的规则就能够以不变应万变,能够洞悉问题的关键要害,通过不断练习达到庖丁解牛、游刃有余的境界。趣味性问题的设计,能够在引起学生学习兴趣的同时,帮助师生开展互动,教师通过对学生引导,让学生对所学知识有更深的认识。这样,教师才能根据现有的教学现状,进行合理规划,制定有效的教学方案。

八、加强互动总结

在实际的师生互动过程中,教师通常注重于互动展开而忘了对互动总结。这种虎头蛇尾很容易让学生忘记了互动过程中所学的内容,因此在互动结束后,要根据知识体系进行合理总结,加深学生的学习认知,这样才能让学生对知识结构认识更加清晰。通过对知识结构的反复印证,能让学生对知识结构留下深刻印象。通过对学生进行测试来检验课堂互动的效果,我们发现经过总结的班级成绩更加集中,对知识认知更加清晰,做题效率更高。加强互动总结,能够在课堂上解决学生的问题,而不是让学生将问题一直积压着,致使学生的成绩越学越差。因此,要进行合理互动总结,指出学生的不足,明确学生的长处,通过对互动环节的总结,进行前后呼应,点明教学重点内容,让学生明确教学内容的重心,便于学生展开复习探究,这样才能更好地提高学习效率。

第三节 基于课堂练习的小学数学教学策略

一、小学数学课堂练习创新的基本思路

新课程标准的基本理念指出:数学教育要面向全体学生,人人学有价值的数学,人人都获得必需的数学,不同的人在数学上得到不同的发展。随着新课改的层层深入,这种理念已渗透到教学的各个层面,也渗透到了每节课的练习中。练习是教师掌握教学情况,进行反馈调节的重要措施。如何让数学练习散发出新课程的气息,是新理念下教师们应该共同思考的问题。众多实践证明,求新、求活是小学数学课堂练习进行创新设计时应该遵循的基本思路。

(一)求新——提供新鲜的东西,引起兴趣

兴趣是学习的动力,当学生对学习产生兴趣时,学生的心理活动就会处于激活状态,富有满足感和愉悦感,从而积极性高涨,思维活跃,注意力集中,"我要学"的意识增强。这时,学生的被动学习将会转变为主动求知,厌学情绪将会转变为乐学欲望。因此,从学生的学习兴趣入手,创设新型的教学情境,正是"知之者,不如好之者;好之者,不如乐之者",这是教育思想在教学中的具体体现。我们要积极探索,大力倡导,在练习中也要体现一个"新"字。

1.题型新。教材中的题型设计,虽然具有一定的科学性,但就习题本身而言,练习形式比较单调。因此,在挖掘快乐因素上主要应在组织完成练习的形式和对习题处理方法上下功夫。可以根据儿童好动、好胜、好表现的天性,让学生"动",使学生在活动中学,在活动中得到快乐;让学生"比",使学生在竞争中不断前进;让学生"炫",使学生在考别人中进步;让学生"用",使学生感受数学的价值。所以在创设题型时,要关注学生,让他们快乐学习。如有些问题可以引入竞争机制,有些习题用讨论、争议的方法更适合学生的口味,除此之外,在练习中根据学生的学习情况还可以创设游戏性、娱乐性较强的数学游艺宫、脑筋急转弯、数学灯谜会、幸运大抽奖、看谁中状元等练习。在一节课里,根据教学需要,如果给学生恰到好处地创设一两处快乐学习的激发点,就能克服学生厌学的心理障碍,使单调的数学习题趣味化和多样化,真正起到优化教学的目的。这不仅有助于加深理解所学的数学知识,而且有助于发展学生思维的灵活性,并激发学生思考问题的兴趣。

2.题材新。数学是一门学科,更是一种文化。因此,数学练习设计要走出数学学科,让学生去领略其他学科的精彩。设计时,综合学生所学科目,确立以学科知识为基础,以情景主题为背景,适时地穿插其他学科知识,丰富发展数学的内涵,让学生学习数学学科以外的知识,从而领略数学的精彩。

(二)求活——挖掘习题本身的内在力量,保持兴趣

数学教学的一个重要任务是培养学生的灵活思维能力,灵活的思维能力

表现在能从不同角度,运用不同的方法,对题目进行分析推理,从而获得不同的结果。这种思维能力培养,需要开放式的课堂结构,需要教师设计出灵活性较大的练习题。

(三)求近——揭示知识的应用价值,提高兴趣

"生活味浓"是新课程背景下小学数学练习题的一个重要特点,我们应把生活实践当作学生认识发展的活水,把数学习题与生活实践紧密连接起来,让学生在这些来自实际的鲜活的数学事例中,感受到学习数学是有用的,是快乐的。如学生熟悉的校园、公园、衣服、电话机都可以成为习题的情境;学生喜闻乐见的"手心、手背""石头、剪子、布"等游戏也可以成为习题的内容。这样的设计,既让学生的数学学习有了更好的依托,又让学生在自主选择中增强了练习的乐趣,更多地感受到学习的快乐。

新课程标准下数学练习的设计应是集生活内容、思想方法和语言文字于一体,反映现代技术、现代文明和现代教育观的数学教学活动。其所关注的是学生在思维能力、情感态度与价值观等方面的进步和发展。可以说,数学练习的设计也体现了一种文化。可见,精心设计练习不仅能使学生扎实有效地理解和掌握其中基础的知识,形成基本的数学技能,而且能培养学生的数学应用意识和能力,给不同层次的学生创造学好数学的机会,特别是更有利于培养学生善于探索、勇于创新的精神。

二、小学数学课堂练习创新设计的技巧

自启动新课程改革以来,小学数学教学方式的变化是多方面的。在课堂教学方面,由以往的教师为主导到现在的教与学统一化。教师尽量丰富课堂活动,让学生在快乐中学习,这些改革更多体现在授课方面,就是对小学数学课堂练习的创新,在教师们进行探索的同时,也发现了很多对小学数学课堂练习进行创新的技巧。

(一)增强小学数学练习设计的针对性

虽然小学数学教学内容相对简单,但是一些知识点对小学生来说,理解起来仍然很困难。与其他学科相比,数学更注重的是学生的逻辑思维能力,需要一定的课堂练习巩固所学的知识。一方面可以巩固学生对所学知识的掌握;另一方面为学生学习新知识做好铺垫。小学数学教学应增强课堂练习的针对性,课堂练习应结合教学中所学知识的重点、难点进行设计,让学生通过反复练习和自我体悟,真正掌握所学知识。

(二)分层次进行小学数学练习设计

由于学生对知识理解掌握的程度不同,学习成绩较好的学生对所学知识接受得比较快,学习成绩相对一般的同学掌握起来就可能比较吃力。所以数学教学要增加练习设计的层次性,数学练习设计的难易程度应该适中,尽量适合中等水平的学生。数学练习要因材施教,增加基础性问题的设计,同时可设计一些选作的拓展题,留给学有余力的学生。

(三)丰富练习的形式,激发学习热情

新课程理念下,教师可根据学生作业中出现的问题进行总结归纳,专门设计一堂练习课,并采用新颖的教学模式集中解决学生的共性问题,尤其是易混淆点。由于数学练习设计的对象是小学生,设计练习时要充分考虑小学生自身的特点。大部分小学生都具有爱玩、好动、好奇的特点,采用新颖的数学练习形式可以有效地吸引小学生的注意力,让学生在寓教于乐中学到知识。例如,数学知识小竞赛、数学小游戏、数学谜语等。通过丰富多样的设计形式,增加练习的趣味性,加深学生对所学内容的理解,学生可以轻松地区分易混淆点,从而增强学习的主动性和积极性。

(四)练习设计应循序渐进

很多难题其实是诸多简单知识点的变式整合,学生如果掌握了对简单知识点的灵活运用,很多难题自然就迎刃而解了。数学练习的设计应循序渐

进,促进学生对各阶段知识点的学习由练习到熟练,再由熟练到活用。学生只有掌握了每个部分的内容才能做到融会贯通,活学活用。面对难题才能抽丝剥茧,迎刃而解。如果教师一开始就为学生设计比较难的练习题,在很大程度上会打击学生的自信心和积极性。反之,教师对数学练习设计得过于简单又会降低学生学习的兴趣。因此,小学数学练习设计一定要循序渐进,由易到难,深浅结合。

(五)数学练习的设计要切合实际

小学数学的教学内容很多都是与实际生活相通的,所以在练习课的设计上,应尽可能地从实际问题出发,这样易于学生理解和掌握。让学生自觉地参与到学习中来,充分调动学生的积极性,激发学生的求知欲,培养学生的创新意识。尤其是在科技飞速发展的今天,应着力培养学生的创新和实践能力,引领他们更好地融入社会的发展之中,为社会培养实用性人才打好基础。

三、小学数学课堂练习创新方法

(一)结合趣味性,设计有趣的课堂练习

小学数学教师要根据小学生的特点,结合教材内容,尽量设计一些有趣味性的练习,以调动起学生学习的积极性。比如,教学《认识人民币》一课时,讲了基本的换算之后,为了让学生熟练掌握这些知识,老师摆了一些小玩具、学习用具等在桌子上,并标上价钱,让学生模拟购物。通过这样的游戏,学生不仅理解了元、角、分之间的关系,体会到各种面值人民币的价值,同时还对学习产生了浓厚的兴趣。

(二)结合动手操作,设计实践性课堂练习

小学数学教师在设计练习时要从学生自身的特点和发展的需要出发,设计的练习一方面能够帮助学生巩固知识和发展智力;另一方面还要让学生能动手动脑,对他们进行操作能力的培养,让他们把学与练很好地结合起来,对所学知识能达到熟练运用。

(三)结合生活,设计情境课堂练习

新一轮的课程改革提出了不同于传统教育的全新教育理念,练习的功能也应与之相匹配。在课堂中组织学生进行行之有效的练习,不但能使学生准确、熟练地掌握新知识,提升数学能力,而且能够促进学生开发智力、挖掘创新潜能,提高分析、解决问题的能力,形成良好的信念、态度、价值观。数学源于生活,生活也离不开数学,所以,教师在设计课堂练习时,要结合教材内容,联系生活实际,使课堂教学内容与现实生活紧密相连。这样,不但可以有效地丰富并拓展数学教学内容,让数学变得生动有趣,还可以促使学生运用数学知识去解决生活中的问题,真正做到学以致用。

(四)根据内容,巧妙设定练习类型

1.操作练习。"我听见了就忘了,我看见了就记住了,我做了就理解了",这是华盛顿图书馆墙壁上的三句话。它说明了动手操作的重要性。为此,教师要结合有关的教学内容,联系现实生活中的实际问题,布置操作性作业,让学生在操作中初步感受所学的知识,同时又在实践中巩固所学的知识。如在教学"秒的认识"时,首先要求学生回家观察钟或是做一个钟面,让学生在学习这一具体知识前对钟表上表示秒的形式有一个初步认识。在学习完这一知识后,又让学生以学习小组为单位到公共场所去调查,并寻找哪些地方是用秒计时。学生在完成这一系列实践作业的过程中,不仅体现了学生在学习中要用到自己的生活经验,还锻炼了学生怎样与同伴合作的学习能力,更重要的是体现出学生要学有用的数学这一数学学习目标。

2.口头练习。口头练习是练习的一种形式,是教师在教学中用得最多的一种练习形式。口头练习是指在练习过程中,教师通过让学生说内容、说思路、说方法,实现"以说反思、以说学思、以说促思"的目的。

3.书面练习。人民教育家陶行知先生早就提出"六大解放"的思想,强调学习需要头脑、双手、眼睛和嘴巴的共同参与。这说明学习需要多种感官的共同参与,而静下心来认真完成书面练习,也是一种有效的学习方式。而这样的练习一般用来解决比较难理解的、口头无法完成的练习。例如,学生学习笔算乘法,学习内容中有口算、估算、笔算,前两者可以用口头练习完成,笔算中也有一部分可以用口算来完成,但为了让学生先明白笔算的算理,需要学生从简单的入手,让学生在明白算理的基础上,为较难的计算奠定基础。

(五)依据课堂流程,把握练习层次性

1.模仿型练习。模仿型练习是根据教学内容,进行基本的、单向的习题练习,是强化学生对知识进行内化的过程,也是新课程标准中提出的让学生掌握基本的数学知识的要求。如在教学《长方形、正方形面积的计算》一课时,引导学生推导出长方形面积计算公式后,便以提问的方式,听教师口说长方形的长和宽,让学生直接运用公式口算图形面积,并且在计算过程中巧妙安排正方形面积计算,让学生自己去感受长方形与正方形的隐含关系,在具体的练习中让学生感受知识迁移与类比,为学生自学正方形面积公式推导奠定基础,充分体现知识的连贯性和后续性。

2.发展型练习。发展型练习一般指对基本题有较大变化或带综合性和灵活性的习题,也称变式题,这是学生把知识转化为技能,对知识进行同化的过程。如在《长方形、正方形面积的计算》一课中,在运用本节课得到的公式后,返回来帮助小兔解决开课时遇到的"一块长方形的土地和一块正方形的土地,哪块土地的面积大"的数学问题,教师并没有直接告知边的长度,而是让学生体会到求长方形和正方形的面积必须要知道它的长和宽,或者说边长。通过这一练习,既巩固了面积计算公式的运用,又让学生体会到求面积的必要条件是去找到它的长和宽,或者边长。

3.提高型练习。提高型练习一般反映在思考性、创造性方面要求较高的习题,这是学生对知识进行强化、优化的过程。再如在上述的课程中,可设计练习求书签的面积。先估一估,"并说说你是怎么估计的",发展学生的估算意识。大部分的学生都会说先估计长是多少,宽是多少,再用公式"长×宽"来求面积。教师这时就会有疑问:"你们为什么先估计它的长和宽?"让学生进一步明确求面积先要知道它的长和宽,或者边长。再实际测量长和宽,求得准确面积,强化公式运用,并通过计算和估算的比较,对一个物体的面积大小有个直观认识。也可以设计"把这块地的长增加8米,宽增加5米",求新面积的大小,在前面形成结论的基础上进行拓展,使学生的思维更具灵活性、全面性。

第四节 基于分层教学的小学数学教学策略

一、分层教学法的准备工作

要告知学生分层的意义和目的所在,向学生公布分层的结果,统一教师与学生的意见。教师应该指导每一位学生对自己进行评估,通过学生的自我评价,由学生来选择适合自己的层次。教师要在学生自愿的基础上进行科学、合理分析,如果需要改变,可以在询问学生的意见后进行个别调整,然后展示出分层的结果。这样不但可以让学生分到合适的层次,而且可以最大限度地保护学生的自尊心,并且这些层次也不是一成不变的,经过一段时间的学习后,可以做出适当调整。

二、分层教学法的实施步骤

(一)对学生群体进行分层

教师首先要充分了解学生,掌握学生的基本学习情况是有效教学的前提,教师根据学生的知识基础、智力水平、学习能力等将学生分成不同的层次。[①]大体可以分为三层:基础级别、中等级别、高等级别。对于不同层次的学生应该采取不同的教学方式和教学要求,多层次的教学为学生提供了广阔的选择空间。教师根据不同的层次将教材和教学内容进行划分,按照每个层

---

① 闫波. 小学数学教学中培养学生的自主学习能力[J]. 学园,2019(36):127.

次实际学习能力和接受能力进行相对应的教学,学生也可以根据自己实际情况进行选择,这样也充分尊重了学生的意愿和兴趣。教师可以根据各个层次学生学习的效果,对教学内容以及教学进度、方式进行灵活调整,做到灵活恰当地分层。

学生是整个教学的中心,对学生进行科学而合理的分层正是实施分层教学的前提与基础。因此,在教学中,教师要对学生进行全面而深入的了解,包括学生的数学基础知识、心理素质、智力水平、学习态度、兴趣爱好等,在此基础上将学生分为A、B、C三个层次。

A层次是有扎实的基础,有着较强的认知水平与理解能力,有着独立的自主学习能力与思维能力的学优生;B层次是基础知识、认知水平一般,有着一定上进心的中等生;C层次是基础知识相对薄弱,没有养成良好的学习习惯的学生。要引导学生正确认识自己所处的层次,让学生能够愉悦而欢快地参与到教学活动中来。同时要让学生认识到所处的层次并不是固定不变的,而是动态变化的。为此教师要通过多种渠道来收集与整理学生的相关信息,要保证随时掌握学生的第一手资料,以便及时对学生所处的层次进行相应调整。

(二)对教学目标进行分层

在学生分层的基础上,根据课程标准的要求以及各层次学生的水平,为各层次的学生制定不同的教学目标。只有顺利完成教学目标,才能实现课堂教学效率的最大化,因此教师要在重视学生分层的基础上,针对不同层次的学生制定不同的学习目标,这样才能提高教学目标的针对性、科学性与有效性。

(三)对教学内容进行分层

数学课堂上,教师的教学内容也应根据不同层次的学生进行调整,对于基础等级的学生,教师应以讲解课本知识为主,在学生掌握基础知识后,加以指导和巩固。对于中高等级的学生,教师应引导学生自主学习,指导其养成良好的学习方法。课堂教学过程中,分层教学活动可以两轨制或者三轨制交叉进行。每个学生完成学习任务的进度和情况不一,有的学生可能接受新知识能力较弱,这时教师可以进行个别辅导,或者安排学生相互交流、相互帮助,以便帮助学生更好地掌握和理解学习的知识。在课堂提问中,教师也应明确设问对象和目的,指向不同层次的学生,问题也不一样。在提问互动过程中,可以采取一问多式的方法,将问题层层递进,逐步衔接,让不同层次的学生去解决不同的问题。使提问内容具有连贯性、延伸性,可以引导学生层层递进,培养学生的发散性思维。

(四)对教学方法进行分层

"新一轮基础教育课程改革"重视学生在学习中的主体地位,重视学生学习方法的转变。学生之间的差异性决定了教学方法的不同。因此在教学中,我们要根据学生的不同层次来运用不同的教学方法。对于C层次学生,浅讲多练,让学生掌握基本的概念、公式与定理等;对B层次学生,少讲多练,重视学生对基本知识与技能掌握;对A层次学生则要精讲精练,侧重于学生自主学习能力与创造性思维能力培养。

(五)对课后作业进行分层

分层教学中,课堂和课后练习一定要有弹性和针对性。教师可以采取剥离式练习方式,就像剥洋葱一样,由浅入深层层剥离,对各个层次的学生提出不同的练习要求。例如,在练习中可以设置一题多解、一题多问,教师可以要求基础级别的学生完成基础的习题,一个题目可以只给出一种解法,保证其练习难度低,以便其掌握基础的知识。对于中等级别的学生,教师可以要求其一道题目写出两种或者以上解法,或者在基础练习题上面延伸一些稍有难度的题目,可以鼓励学生相互交流合作解决问题。对于高等级别的学生,要求其尽可能多地列举解法,并且寻求最优解法,其练习的难度和深度可以进一步延伸,尽量培养其发散思维的能力。

教师可以将练习题目设计成递进式,难度和深度层层递进,越往后面越难,将题目分为基础题、提高题以及拓展题,每个层次的学生完成题目的要求也是层层递进。基础级别学生要求完成基础题,并且解决基础题中不会的题目或者出错的题目。中高级别的学生要求完成提高题和拓展题,题目中的难点,学生间可以互相讨论交流,争取能够顺利完成练习。

(六)对数学测试进行分层

同样对于学生的测评也要分层,针对不同层次的学生设计难度系数不同的测试题目,这更能体现新课程标准精神,更加有利于学生的全面发展。分层测试少了学生间的横向比较,更多的是纵向比较。这样更能让学生客观地看待自己,能够认清自己的优势与不足,了解知识的薄弱环节,这样才能让学生学有价值的数学。当然还要鼓励学生向高层次挑战,以争取进入高一层次。

第四章 小学数学数与代数的教学

第一节 小学数学数与代数的教学概述

一、数与代数的教学意义

在小学阶段,数与代数的内容主要包括数的认识、数的运算、常见的量、式与方程、正反比例以及探索规律等。它是研究现实世界数量关系和变化规律的数学模型,可以帮助学生从数量关系的角度更准确、清晰地认识、描述和把握现实世界。因而,数与代数的学习对学生有着极强的现实意义。

第一,能使学生体会到数学与现实生活的紧密联系,认识到数、符号是刻画现实世界数量关系的重要语言,方程、不等式与函数是现实世界的数学模型,从而认识到数学是解决实际问题和进行交流的重要工具,从中感受到数学的价值,初步学会运用数学的思维方式去观察、分析现实社会,去解决日常生活和其他学科中的问题,增强应用意识,培养初步的应用能力。

第二,对现实世界中数量关系及其变化规律的探索,数的概念的建立、扩充以及数的运算,公式的建立和推导,简单方程的建立和求解、探究等活动,有助于促进学生对数学学习的兴趣,提高解决问题的能力和自信心,培养学生初步的创新意识和发现能力。

二、数与代数的内容标准与教学要求

(一)第一学段数与代数领域的课程内容及分析

数与代数内容是小学数学的主要内容,其在几个领域内容中所占比例最大,这部分内容是学习其他内容的重要基础,与整个小学数学学习有密切的关系。

第一学段的学生思维形式以具体形象为主,他们具有一定的生活经验,比较关注自己周围有趣的事物。这一学段的数与代数内容比较重视数学的现实意义,强调紧密联系学生身边具体、有趣的事物,使学生体会数学用来表示和交流的作用;注重使学生通过观察、操作、解决问题等丰富的活动初步建立数感;重视口算、估算与笔算的结合;结合现实问题认识常见的量;初步学习在简单情境下探索数量方面的规律。

《义务教育数学课程标准》将第一学段数与代数的课程内容共分为四个方面:数的认识、数的运算、常见的量和探索规律。

1.数的认识。《标准》在第一学段"数的认识"方面设计了7条内容:①在现实情境中理解万以内数的意义,能认、读、写万以内的数,能用数表示物体的个数或事物的顺序和位置;②能说出各数位的名称,理解各数位上的数字表示的意义;知道用算盘可以表示多位数;③理解符号<、=、>的含义,能用符号和词语描述万以内数的大小;④在生活情境中感受大数的意义,并能进行估计;⑤能结合具体情境初步认识小数和分数,能读、写小数和分数;⑥能结合具体情境比较两个一位小数的大小,能比较两个同分母分数的大小;⑦能运用数表示日常生活中的一些事物,并能进行交流。

第一学段"数的认识"的教学可以归纳为整数的认识、分数和小数的初步认识以及数的简单应用。

(1)整数的认识:第一学段整数的认识主要是指万以内数的认识。万以内数的认识是整数认识的主要内容。学生认识数从"一"到"万"是一个完整的数级。包含了整数认识的所有要素,如数字的表示、数位、各个数位上数字所表示的值。在实际教学中,一般将万以内数的认识分为几个阶段来安排,较为普遍的安排方式是,"20以内数的认识""百以内数的认识""万以内数的认识"。在这几个阶段中,"20以内数的认识"是学生的认数、读数、写数的重要阶段,涉及几乎所有的整数认识中的要素,如数的抽象、数字的表示与书写、数位与相应的数值等。

这部分内容的教学重点在于使学生从数量抽象到数。如从具体的2匹马、2棵树、2头牛、2个人,抽象为2这个数。用一个数字(特殊的符号)来表示数量,已经把具体的单位和这个数量的具体含义去掉,抽象为数"2"。反过来,这个2可以表示任何具有2这样数量特征的事物。这个抽象过程在小学一年级开始认识数时就要强调,直到认识较大的数。学生逐渐认识数的抽象表示,逐步建立数的概念。而自然数的基本特征是后一个数比前一个大1,从具体的数量抽象出数后,学生可能通过自然数的这一特征认识更大的数。在这个过程中,学生很自然地理解自然数的大小关系。

算盘代表了中国传统文化,在相当长的一段时间内作为常用的运算工具。随着现代科学技术的发展,特别是计算机和计算器的广泛应用,算盘作为运算工具的功能逐渐消失。但在算盘上表示数,具有直观形象、体现数位特征的特点。在学习整数时,让学生知道"用算盘可以表示多位数",有利于学生对多位数的认识,也使学生进一步了解中国传统文化。

在"数的认识"学习中,应当使学生了解数和数之间的关系。数与数之间最重要的是大小关系。数的大小关系包括大于、小于和等于。可以用自然语言描述,也可以用符号语言描述。用符号语言描述具有一定的抽象性,是培养学生符号意识的开始。应当使学生了解从自然语言描述数的大小到用符号语言表述数的大小。

(2)小数、分数的初步认识:分数、小数是数的概念的一次重要扩充,从整数扩充到分数是人们认识现实世界数量关系的需要,也是数学用来表征现实事物、解释现实世界复杂性的功能的扩展。与学习整数相比,学生对于分数、小数的学习要困难得多。分数、小数无论在意义、书写形式、计数单位、计算法则等方面,还是在学生的生活经验等方面,都与整数有较大差异。分数、小数的学习重点在于结合学生的生活经验,初步理解分数的意义,能认识小数。能够认、读、写小数和简单的分数。

分数与小数的共同点都是有理数,并且本质上小数是特殊的分数,分母是 10 的 n 次方的分数都可以写成小数(有限小数)。分数有两个含义:一种是表示部分与整体的关系,是一个比率,$\frac{1}{3}$ 表示的是把一个单位平均分成 3 份,取其中的一份。分数的另一个含义是表示一个具体的量,如 $\frac{1}{3}$ 米、$\frac{1}{3}$ 千克等。分数在大多数情况下是用来表示一个比率的。因此,分数的第一种表示在实际教学中应成为重点。小数表示的是具体的数量,和整数一样是数量的抽象。

第一学段小数、分数的初步认识在于从实际情境中具体地了解小数和分数,重在现实情境的选择和运用。如小数的认识一般从物品的标价引入。以元为单位,3.5 元就表示 3 元 5 角。分数的初步认识是从分物体出发,把一个饼、一个苹果平均分成 5 份,一份就是它的 $\frac{1}{5}$。第一学段分数、小数的初步认识可以先认识分数,再认识小数。知道 $\frac{1}{10}$,再理解 0.1 就更容易一些。

(3)数的简单应用:①表示数量,如个数、体重、身高等,表示数量的数具有大小并且可以进行运算;②数作为符号来使用,此时数没有大小和运算功能。一些没有数量特征的事物也可以用数字进行表示,如赞成用 1,反对用 0;还有一些事物的编码,如某学校为学生编码,设定末尾用 1 表示男生,用 2 表示女生,如 200903321 表示"2009 年入学的三班的 32 号同学,该同学是男生",那么 201004302 表示什么? 前一种是常见的,在小学阶段大多数情况是用数的这种表示方式。后一种在生活中也有许多应用,教学中应重视数的这一表示方式。通过对后一种内容的教学,可以增强学生对"数"的应用的意识,培养学生的数学交流能力,更深刻地理解数的意义,逐步建立数感。

2. 数的运算。《标准》在第一学段"数的运算"方面设计了 8 条内容:①结合具体情境,体会整数四则运算的意义;②能熟练地口算20以内的加减法和表内乘除法,能口算简单的百以内的加减法和一位数乘除两位数;③能计算两位数和三位数的加减法,一位数乘两位数和三位数、两位数乘两位数的乘法,两位数和三位数除以一位数的除法;④认识小括号,能进行简单的整数四则混合运算(两步);⑤会进行同分母分数(分母小于10)的加减运算以及一位小数的加减运算;⑥能结合具体情境,选择适当的单位进行简单估算,体会估算在生活中的作用;⑦经历与他人交流各自算法的过程;⑧能运用数及数的运算解决生活中的简单问题,并能对结果的实际意义做出解释。

第一学段数的运算可以归纳概括为:整数的运算,分数、小数的运算,估算与算法的交流和问题解决。

(1)整数的运算:学习整数的运算首先要使学生理解算理,把握四则运算的本质。比如,加一个正数后所得的和要比原数大,学习加法时,要使学生理解这个算理。减法是加法的逆运算,减去一个正数后所得的差就比原来的数小。乘法是加法的简便运算,是求几个相同加数和的简便运算,其本质仍然是加法,这是乘法的本质特征。除法是乘法的逆运算。教学中应强调让学生理解四则运算的算理并了解它们之间的关系。

(2)分数、小数的运算:分数和小数的运算比整数运算要复杂,在整数运算中,整数各数位上的数都是十进关系,处理好对应数位上的数就可以正确地进行计算。小数也是十进关系,在运算中只要把小数点对齐,其他相应的数位也就对齐了。

第一学段分数和小数初步认识中的运算比较简单,分数仅限在同分母的加减法,并且分母不超过10。重点是让学生体会分数加减法的意义,了解分数加减法与整数加减法的差异,帮助学生理解分数的意义。

(3)估算与算法的交流:估算在解决实际问题中经常用到,估算与精算相互补充,在实际运用中有不同的功能。对于一些问题可能只需要估算,没有必要一定要精算。如购物时,选择一些物品后,先估计一下大约需要多少钱,自己带的钱是否足够。

《标准》第一学段的估算强调在具体的情境中选择合适的单位,一般来说,估计教室的长度时,通常以"米"为单位,估计书本的长度时,通常以"厘米"为单位;估计较轻的物体时用"克"做单位,估计较重的物体时用"千克"做单位;估计较小的面积时用平方厘米、平方分米做单位,估计较大的面积时用平方米做单位,等等。要让学生体会到估算在生活中的作用。

(4)问题解决:问题解决是数学的核心。《标准》明确了问题解决能力的培养是数学课程教学的重要目标。问题解决能力的培养体现在几个领域中不同数学知识与方法的学习过程中,贯穿于数学学习的全过程。

第一学段问题解决常用的两个数学模型是:求和的模型,部分+部分=和;另一个模型是乘积的模型,总价=单价×数量和路程=速度×时间。小学数学中大部分实际问题都可以用这两类模型来表示。

3.常见的量。《标准》在第一学段"常见的量"方面设计了5条内容:①在现实情境中,认识元、角、分,并了解它们之间的关系;②能认识钟表,了解24时计时法;结合自己的生活经验,体验时间的长短;③认识年、月、日,了解它们之间的关系;④在现实情境中,感受并认识克、千克、吨,能进行简单的单位换算;⑤能结合生活实际,解决与常见的量有关的简单问题。

上述常见的量涉及的都是与数量运算有关的计量单位,主要有货币单位、时间单位和质量单位。这些计量单位的认识都和实际问题有紧密的联系,需要在现实情境中引入,在解决问题的过程中理解和掌握。特别是货币单位的认识和时间单位的认识,与学生生活经验的积累关系十分密切。

4.探索规律。探索规律的内容在第一学段的具体要求是:"探索简单情境下的变化规律。"探索规律的内容重点在于探索的过程,在于使学生在具体情境中,通过观察、计算、操作、思考等方式,了解蕴含在问题情境中的规律,学会思考问题的方法。

(二)第二学段数与代数领域的课程内容及分析

第二学段是在第一学段的基础上,继续学习相关的数与代数内容。随着年龄的增长,学生的思维水平和理解能力有所提高。学生处在由具体形象思维向抽象逻辑思维过渡的阶段。在第一学段的基础上,第二学段扩大了数的认识和运算的范围,同时在较为抽象的水平上初步认识代数知识和渗透函数思想。

1.数的认识。《标准》在第二学段"数的认识"方面设计了9条内容:①在具体情境中,认识万以上的数,了解十进制记数法,会用万、亿为单位表示大数;②结合现实情境感受大数的意义,并能进行估计;③会运用数描述事物的某些特征,进一步体会数在日常生活中的作用;④知道2、3、5的倍数特征,了解公倍数和最小公倍数;在1~100的自然数中能找出10以内自然数的所有倍数,能找出10以内两个自然数的公倍数和最小公倍数;⑤了解公因数和最大公因数;在1~100的自然数中能找出一个自然数的所有因数,能找出两个自然数的公因数和最大公因数;⑥了解自然数、整数、奇数、偶数、质(素)数和合数;⑦结合具体情境,理解小数和分数的意义,理解百分数的意义;会进行小数、分数和百分数的转化(不包括将循环小数化为分数);⑧能比较小数的大小和分数的大小;⑨在熟悉的生活情境中,了解负数的意义,会用负数表示日常生活中的一些量。

以上内容可以归纳概括为万以上数的认识、分数与小数的意义、百分数的认识、负数的认识和数的整除性相关的内容。

(1)万以上数的认识:学习万以上数的表达,数位概念的建立是十分重要的。数位的含义是不同位置上的数字表示不同大小的数。认识个、十、百、千、万等不同的数位,理解不同数位上的数字表示不同大小的数,理解十进制记数法是理解整数概念所必需的。我国的计数单位是每四位一级,万以内数的个位、十位、百位、千位为个级,万、十万、百万、千万为万级,要让学生理解各级上的每个数字的意义,这是理解多位数各个数位上的数字意义的前提条件。

《标准》在第一、二学段都提出了感受大数意义和对大数进行估计的要求。第一学段是要求在生活情境中感受大数的意义,第二学段情境的范围有所扩大,要求在现实情境中感受大数的意义。其本质是相同的,都是希望通过具体的情境让学生对大数加以感受,增加学生的数感。

(2)分数、小数的意义与百分数的认识:在分数的意义中,分数单位很重要。$\frac{3}{5}$的分数单位是$\frac{1}{5}$,是3个$\frac{1}{5}$,$\frac{3}{5}$与$\frac{5}{8}$之所以不能直接相加,是因为分数单位不同,把它们转换成相同单位的分数就可以直接相加了。

小数的表征形式与整数相似,都是十进制。如果以个位为基础,向左扩展就是十位、百位、千位;如果向右扩展就是十分之一位(十分位),百分之一位(百分位)等。从这个意义上说,对小数的理解比对分数的理解更容易一些。

百分数是特殊的分数,其数量上的意义与分数完全相同。由于百分数在实际应用中的特殊性,因此将百分数作为一个专门的内容学习。所以学习百分数的重点在于应用,用百分数表示现实生活中的实际问题。

在学习了小数、分数和百分数之后,应当使学生了解它们之间的关系。可以通过具体的问题帮助学生了解小数、分数和百分数的含义以及它们的联系。

(3)负数的认识:负数的引入是数的概念的进一步扩充,根据小学生的思维发展水平,《标准》只是在第二学段对负数提出简单的要求。对小学生来讲,理解负数的意义是有一定难度的。在教学中要把握了解的层次,即要在具体的生活情境中使学生了解负数。例如,可以利用气温的变化来体会负数,0℃以上的用正数表示,0℃以下的用负数表示。也可以把收入的钱用正数表示,支出的钱用负数表示。

(4)数的整除性:《标准》在第二学段安排了数的整除性及其相关的内容。这部分内容的安排主要是基于以下几个方面的需要:一是使学生初步了解自然数的一些性质及其关系。如奇数与偶数、质数与合数;公倍数和最小公倍数;公约数与最大公约数等。二是为分数的运算和一些要用公因数的知识解决实际问题做准备。如分数计算时要运用最小公倍数进行通分等。三是体现数学思想方法,培养学生的能力。在学习质数与合数时,运用数学史上一些经典的方法探索问题。如用筛选法找出一定范围内的质数。在认识2、3、5的倍数特征时,可以创设数学情境,在探索的过程中培养学生的能力。

2.数的运算。《标准》在第二学段"数的运算"方面设计了10条内容:①能计算三位数乘两位数的乘法、三位数除以两位数的除法;②认识中括号,能进行简单的整数四则混合运算(以两步为主,不超过三步);③探索并了解运算律(加法的交换律和结合律、乘法的交换律和结合律、乘法对加法的分配律),会应用运算律进行一些简便运算;④在具体运算和解决简单实际问题的过程中,体会加与减、乘与除的互逆关系;⑤能分别进行简单的小数和分数(不含带分数)的加、减、乘、除运算及混合运算(以两步为主,不超过三步);⑥能解决小数、分数和百分数的简单实际问题;⑦在具体情境中,了解常见的数量关系:总价=单价×数量、路程=速度×时间,并能解决简单的实际问题;⑧经历与他人交流各自算法的过程,并能表达自己的想法;⑨在解决问题的过程中,能选择合适的方法进行估算;⑩能借助计算器进行运算,解决简单的实际问题,探索简单的规律。

以上内容可以归纳为整数的运算,分数、小数和百分数的运算,估算与计算器以及问题解决等。

(1)整数的运算:整数的运算内容贯穿于整个第一、二学段,是这两个学段数学学习分量比较重、占用学习时间最多的内容。对于数的运算要使学生理解为什么要运算,运算的目的决定了运算方式和运算的精度要求。应当让学生理解面对具体的情形,要确定是否需要计算,然后再确定需要什么样的计算方法。

在整数的运算教学中,应当重视学生对算理的理解和掌握,按照《标准》把握对运算熟练程度的要求。重视算法多样性的教学理念,鼓励学生用自己的方法去尝试运算,选择合适的方法进行运算。

对运算的难度和熟练程度,《标准》针对不同的内容提出了明确的要求。限制运算的步骤是为了控制繁杂的问题,四则运算的多步计算会出现很繁杂的问题,在有了计算器之后,人们在现实生活中遇到繁杂的问题时,可以选择用计算工具,没有必要把大量的时间用于繁杂的运算。因此,在整数运算的教学中我们应当淡化对运算的熟练程度的要求。选择正确的计算方法,得到准确的运算结果,比运算的熟练程度更重要。对学生运算技能的评价应当注重学生是否理解了运算的道理,是否能准确地得出运算的结果,而不应单纯地看运算的速度。

(2)分数、小数和百分数的运算:第二学段分数和小数的运算要求相对比较高,不仅要学习分数、小数的加、减、乘、除四则运算,并且要进行必要的混合运算。

分数和小数的运算比整数运算更复杂,涉及百分数的运算相对简单得多。运算的难易程度与参与运算的数的单位有关。在整数运算中,整数各数位上的数都是十进关系,处理好对应数位上的数就可以正确地进行计算。小数虽然也是十进关系,但有一个小数点的处理问题,因此,在运算中要使学生正确标出小数点的位置。而分数运算由于分数单位的不确定性,导致运算的复杂程度有所提高。必要的时候要进行通分和约分。对于百分数没有专门提出运算的要求,百分数的运算只是在解决相关的问题过程中用到,百分数的单位就是 $\frac{1}{100}$,对于运算来讲并不难。

(3)估算与计算器的使用:第二学段强调学生在解决问题的过程中,选择合适的方法进行估算。这个问题可以是实际问题,也可以是数学本身的问题。

在现代生活中,计算器和计算机的普及程度越来越高,这对数学教育将产生影响,特别是对于计算教学的影响更大。使学生了解和适当地运用计算器,可以把学生从繁杂的运算中解放出来,大数目的计算可以使用计算器来完成。用更多的时间学习其他的数学知识。同时,利用计算器可以帮助学生探索数学规律,特别是与数的计算有关的规律。学生可以把注意力更多地用于观察和思考,而不是重复地计算。

应当使学生了解计算器的功能和作用,特别是知道什么样的问题需要用计算器,以及如何用计算器解决问题。在探索复杂的现实问题时可以用计算器,使学生的精力更多地用于思考数量关系和规律。

小学数学中解决问题的两个基本模型是:部分+部分=和;总价=单价×数量和路程=速度×时间。小学数学中大部分实际问题都可以用这两类模型来表示。应用这些数量关系解决实际问题是培养学生问题解决能力的重要途径。

3.式与方程。第二学段开始正式引入字母表示数和简易方程,这是学生数学学习的又一次抽象。《标准》在"式与方程"方面设计了4条内容:①在具体情境中能用字母表示数;②结合简单的实际情境,了解等量关系,并能用字母表示;③能用方程表示简单情境中的等量关系,了解方程的作用;④了解等式的性质,能用等式的性质解简单的方程。

数对于它所代表的具体事物来说是抽象的,而用字母表示数是又一次抽象。①对小学生来说,初步建立代数的思想具有一定的挑战性。教学中要从具体的情境中使学生感知字母表示数的含义,并了解这种表示方法的作用,进而初步体验符号在数学表示中的作用,初步建立符号意识。

简易方程引入的价值在于为学生提供用代数方法解决问题的途径。小学阶段解决问题的基本方式是算术方法。基本的数量关系模型:一是求和的关系(部分+部分=整体);二是求积的关系(每份数×份数=总量)。具体表现为加、减、乘、除的意义,算术方法解决问题基本上是根据加、减、乘、除四则运算的含义,分析问题中的数量关系,列出一个算式。这个算式的基本特征是将已知的数量构成算式使其结果等于所求的数量。而方程的方法是先用一个字母表示未知的量,然后用等式来表示已知量与未知量之间的等量关系,然后利用加与减、乘与除的互逆关系以及等式的性质求出未知量。

4.正比例、反比例。正比例和反比例是一类常用的数量关系,这部分内容的学习是函数思想在小学的体现。《标准》在"正比例、反比例"方面设计了

①陈新福."用字母表示数"教学与思考[J].小学数学教育,2015(12):3.

4条内容：①在实际情境中理解比及按比例分配的含义，并能解决简单的问题；②通过具体情境，认识成正比例的量和成反比例的量；③会根据给出的有正比例关系的数据在方格纸上画图，并会根据其中一个量的值估计另一个量的值；④能找出生活中成正比例和成反比例关系量的实例，并进行交流。

在现实中，有许多数量关系可以表示为成正比例的量和成反比例的量，其本质是两个量按一定的比例关系发生变化。如果一个量增加（减少），另一个量按一定的比例增加（减少），则两个量是成正比例的量。如果一个量增加（减少），另一个量按一定的比例减少（增加），则两个量是成反比例的量。

正比例和反比例的关系本质上是函数关系，小学阶段并不出现函数的概念，而是让学生具体感知两个量之间的关系：一是使学生对数量关系的认识和理解更丰富。二是为第三学段进一步学习正比例函数和反比例函数以及学习一般的函数知识做准备。教学中应与实际情境紧密联系，用具体的学生可以理解的方式呈现这个内容，引导学生从数量之间的关系、两个量之间变化的规律角度来理解和掌握这个内容。

5.探索规律。探索规律的内容在第二学段的具体要求是："探索给定情境中隐含的规律或变化趋势。"

第二节 小学数学数与量的概念教学

一、教学中的常见问题

(一)数的概念教学中的常见问题

"数的概念"认识贯穿于整个小学阶段，整个认识过程反映的既是数范围不断形成与扩大的生成发展过程，也是数的概念不断建构与完善的认识超越的过程。对于"量的概念"教学则是从不同计量单位的掌握和运用中体会不同的量。然而，在教学的过程中仍然存在着许多问题，大致有散点化、割裂化、活动化三大问题。

首先是数的概念教学的散点化现象。由于数的概念包括整数、分数、小数、负数等，基本概念较多，加之教材采用"螺旋式上升"的编排原则，把"数的基本概念"分解到了6个年级的12册书中，以一个个知识点的方式呈现这些概念，仅是整数的认识就分散到了一年级上册、一年级下册、二年级下册、四年级上册、六年级下册这5册书中，这就使得教学容易出现知识点"多、散、杂"的状态，容易形成学生"只见树木不见森林"的局面，从而使学生对数的认识和理解呈现出碎片式的散点化状态。

其次就是数的概念教学的割裂化现象。在小学阶段，仅是整数的认识就有5个认识循环，分数的认识有3个认识循环，而在每个循环中又分别包括数位的认识、读写认识、组成认识等，这些表面看来是一次又一次地强化认识，实则割裂了数认识中各个基本概念之间的联系，从而模糊了数的概念认识的形成，使得学生在理解上容易产生偏差。比如，有的学生就误以为有小数点的数就是小数。

再次就是数的概念教学的活动化现象。数的认识一次次重复出现，使得数的认识越来越单调，越来越枯燥，学生在不自觉中就会产生学习的倦怠感。因此，很多老师为了调动学生的学习积极性，吸引学生的注意力，常常会使出浑身解数设计各种游戏、组织各种活动，以期学生能够在各种游戏活动中学得轻松愉快，并美其名曰"寓教于乐"。于是各种猜一猜、折一折、涂一涂、画一画的活动充斥在课堂之中，课堂气氛活跃了，学生"动"起来了，教师"笑"起来了。殊不知，这些活动在不知不觉中掩盖了学生不断重复同一认识水平的学习状况，掩盖了学生学习过程中思维被动的局面。

总之，无论是数的概念教学的散点化现象，还是割裂化现象，以及由此派生而来的数的概念教学的活动化现象，都会给学生数的认识带来一定的负面影响，使得学生不仅缺乏整数认识的结构，而且无法在认识整数的基础上主动运用其结构来认识小数和分数，同时，还使得学生缺乏对整数、小数、分数之间内在关联性的沟通，很难提升思维的认识水平。

(二)量的概念教学中的常见问题

对于常见量的描述包括结果目标和过程目标两个方面。结果目标主要是对常见量的"认识"和"了解",如认识元、角、分,年、月、日等。过程目标包括体验时间的长短,如感受克、千克等。教学中应把握两类目标的不同要求,为学生提供丰富的活动体验,使学生在现实情境中认识和理解有关的量,获得有关数与量的活动经验。学生在学习中主要存在两个方面的问题。

1.学生在做"选择合适的单位填空"的题目时感觉困难。在教学中,我们发现学生在选择合适的单位填空时错误频出,特别是质量单位,甚至会出现许多笑话。为什么会出现这样的困难呢?究其原因主要在于教师对"理解常见的量"这一具体目标落实不到位。计量单位虽然时常出现在学生周围,他们经常会接触到,然而学生对于计量单位的经验积累意识却是比较薄弱的,学习中的很多体验活动仅停留在看一看、听一听、掂一掂等直接体验的层面,学生的思维参与度不高,体验也不深刻,在用的时候就会感觉到困难。

2.学生容易混淆时间和时刻两个概念。在时间单位的学习中,学生分不清楚哪个是表示时刻的,哪个是表示一段时间的。教学时,我们可以联系学生的生活经验,举例说明。也可以借助线段图,使学生看到时刻好比直线上的点,时间好比两点间线段的长,借助线段帮助学生理解时刻和时间的区别。

量的概念教学出现的问题更多的是脱离实际和实践。量的学习对于小学生来说相对比较抽象,如果仅仅是以讲解的形式呈现,学生很难掌握其实质,仅仅对其进行机械的记忆,这样的记忆不可能牢固。随着后期量的认识的增加,关于量的知识框架会越显混乱。

二、教学策略初探

(一)数的概念的认识

数的概念是学生学习数学的基础,是数学基础知识的重要组成部分,更是学生认识、判断、理解和解决数学问题的基础。新课程改革根据儿童已有的经验、心理发展规律,对数的概念的编排呈现出从易到难、螺旋上升的编排特点,优化了知识结构,强调了数感的培养。现就二年级下册第五单元"万以内数的认识"教学内容,谈一谈数的概念教学的有效途径和方法。

1.精心设计数的概念的引入。形象直观地引入。所谓形象直观地引入概念,就是通过学生所熟悉的生活事例,提出问题,引入概念;或者采用教具、模型、图表、课件演示等让学生动手操作增加学生的感性认识,然后逐步抽象,引入概念。现代心理学认为,实际操作是儿童智力活动的源泉。通过学生的实际操作引入概念,可以使抽象的概念具体化。例如,在教学"1000以内数的认识"时,教师让学生估一估照片上一个班的春游人数,再估一估一个年级的春游人数、全校的春游人数,从而直观地引入大数的概念,让学生对较大数有了感性认识;也有的教师从让四人小组的学生数100根小棒的实践活动入手,感知100数量的多少,再将几个小组的小棒合并,建立几百的数量感性认识,为后面数的概念的教学打下基础。

(1)在学生原有概念的基础上引入:有些概念与学生原有的旧概念联系十分紧密,可以从学生已有的概念知识基础上加以引申,导出新概念。这样,既巩固了旧知识,又学了新概念,还有利于精讲多练。同样是教学"1000以内数的认识",有的教师就从复习100以内数的组成入手,数十根小棒捆成一捆,复习10个1是1个10,再由学生自己演示出10个10是100的数学概念,为后面探索10个100是1000建立了思维的初步模型。

(2)创设情境引入:教师在课堂教学中,要注意运用具体事例创设生活情境,去激发学生的求知欲,为学生创设乐学的前提条件,同时消除学生对数学概念学习的枯燥感,把数学概念教学植根于一个现实需要的问题情境之中,让数学问题变得十分鲜活。例如,教师通过玩排队猜数的游戏,引入100以内数的数数复习,同时不断变化已知的号码,让学生在游戏情境中数出1000以内比100更大的数。这一思维过程,使学生产生了迫切寻求解决问题的办法的强烈愿望和数学思考,激发了学生探索数的概念的学习兴趣和操作动机,为学生顺利地掌握数的概念起到奠基的作用。

2.把握数的概念的形成过程。《义务教育数学课程标准》指出,有效的数学学习活动不能单纯地依赖模仿与记忆,动手实践与合作交流是学生学习数学的重要方式。在概念的形成过程中,要让学生积极参与,充分发挥教师的主导作用和学生的主体作用,让学生参与形成概念的分析、比较、归纳、综合、抽象、概括等一系列思维活动,学生的学习积极性就会很高,而且对形成的概念记忆深刻,理解透彻。

(1)动手操作,让学生在活动中探索:在整个小学阶段,由于数学概念的抽象性与学生思维的形象性存在着固有矛盾,造成学生认知的障碍性和不稳定性。教学时,教师要尽量从学生熟悉的生活事例或已有的知识经验出发,尽可能通过直观的具体形象,充分让学生经历猜测、推理、操作、验证等思维过程,逐步建立起事物的一般表象,帮助学生抽象、概括出所学概念的本质属性,形成数学概念。把静态的教材转化为动态的可让学生操作探究的过程,培养学生的操作能力和抽象思维能力,初步形成概念,进而引导学生在分析、比较中归纳出概念的本质,让学生在探究概念的过程中,亲身经历研究问题的过程,体验成功的愉悦,感受自主探究的乐趣,同时也掌握探究数学问题的一般方法。例如,在教学"1000以内数的认识"时,数接近整百整千数的拐弯数是一个难点,这时要让学生先用计数器拨一拨,形象地理解十进制,建立个位满十向十位进一,十位满十向百位进一,百位满十向千位进一的概念,再拿走计数器,让学生在脑海中抽象地数出拐弯数。这样学生对数的概念就从感性理解升华到了抽象认识。

(2)小组讨论,让学生在交流中探究:数学概念教学应多为学生提供交流的机会,组织学生进行小组讨论,合作交流,让学生充分陈述自己的观点和思考过程,并分享他人的探究成果,在彼此交流、思想碰撞中实现思维的拓展与整合。通过同学间的相互交流,学习他人的长处,修正自己与他人的错误,找出不足和弥补遗漏,找到探究的最优方法,归纳总结并概括出概念的本质属性,从而对概念的理解从感性上升到理性,形成科学、严密的数学概念。例如,学生在探索如何数较大数量的事物,数100根以上数量的小棒时,教师让学生以小组合作学习为主,小组长先分好工,跟小组同学商量好怎么数才能达到以下要求:数的速度快、数的数量准确、数的结果别人能马上看明白。通过小组合作数数,学得快的同学帮助理解得慢的同学认识到,满10根、满100根就要捆一捆,这样建立了数的概念的感性认识,为后面的概念抽象奠定了形象基础。

(3)对比分类,让学生在辨析中探究:数学知识前后联系密切,系统性强,但受小学生思维发展水平和接受能力的限制,有些知识的教学往往是分几课时或几个学期来完成,这样难免在不同程度上削弱了知识间的衔接。因此要以旧知识为着眼点,提供探究的时空,发挥学生的创造性思维,激发学生自己去主动探究,经过多层次、反复比较、概括、分析与综合,初步建构起数学概念。但此时并不等于学生已经牢固掌握和切实理解了概念,还需要教师及时引导学生对一些相关概念进行对比、分类,揭示概念之间的内在联系,找出它们的本质区别以及它们所共有的本质属性,以便让学生在理解的基础上掌握概念,帮助他们加深对概念的理解,这样有利于知识内化,使概念系统化。教师还需要引导学生对概念进行系统的梳理与分类,明确概念间的相同点和不同点,以及它们之间的联系与区别,使学生对所学概念有更清晰的理解,构建完整的知识网络和良好的认识结构,形成概念系统。

3.多种形式强化数的概念的巩固。从认识的过程来说,形成概念是从感性认识上升到理性认识的过程,即从个别的事例总结出一般性规律。巩固概念则是识记概念和保持概念的过程,是加深理解和灵活运用概念的过程,即从一般到个别的过程。巩固概念一般采用熟记、应用和建立概念系统等方法来进行。熟记,就是学生在理解的基础上通过反复感知、反复回忆等手段对一些概念的定义达到熟练记忆。应用,则是指学生在应用概念中,达到巩固概念的作用,其主要形式是多层有效的练习。

(1)应用新概念的练习:在讲解新概念后,紧接着安排直接应用新概念的练习,以达到及时强化记忆、巩固概念的目的。在建立了十进制的概念后,教师应引入数位顺序表进行巩固练习,让学生完成填空题:在数位顺序表里,从右边起,第一位是( ),第二位是( ),第三位是( ),第四位是( ),第五位是( )。这一组练习的特点是:针对性强,内容较单一。

(2)对比练习:《义务教育数学课程标准》指出,对于一些容易混淆的概念或法则等,可以用对比的方法进行辨析,帮助学生弄清它们之间的区别和联系。例如,学习了读写数后,教师出示804和480这两个数,让学生说一说数中间和数末尾的"0"能不能不写并解释原因,以及在读法上这两个"0"有什么不同。

(3)判别性练习:学生学了某些概念后,教师可出一些题让学生判断正误,这样的练习既有助于概念的巩固,还发展了学生的辨别能力。

(4)改错练习:选择学生做错的实例,让学生改正,可使学生更准确地掌握概念,提高学生的鉴别能力。

(5)建立概念系统的练习:在学生理解和形成概念之后,引导学生对学过的概念进行归纳整理,把有关的概念联系起来,形成知识网络,使其系统化。

4.构建数的概念的同时,关注数感的培养。在整个小学阶段,数的概念教学是数学概念教学内容中所占比例最大的部分。加强数感的培养是当前数的概念教学改革的一个重要理念,数感的建立是提高学生数学素养的重要标志。《义务教育数学课程标准》将培养学生的数感作为一个重要的目标,并在不同的学段提出了明确的要求。《义务教育数学课程标准》指出,建立数感主要表现为理解数的意义,能用多种方法表示数;能在具体的情境中把握数的大小关系;能用数来表示和交流信息;能为解决问题选择适当的算法,能估计运算的结果,并对其合理性做出解释。通过数的概念教学培养学生的数感是使学生逐步建立数感的最直接途径。因此,在教学时,教师一定要在学生构建好概念后,用估一估、测一测、议一议等方法,培养学生的数感,让概念教学更加完善,让学生充分感知数学、亲近数学、体会数学的价值,从而提高学生的数学素养。正如教师在教学了"1000以内数的认识"后,出示实物1000粒米,1000颗红豆、500张打印纸、千字文等,让学生感受数量是1000的事物量到底有多少,从而激发学生学习的兴趣,培养学生的数感,并在生活和数学之间搭建桥梁,让学生真切地感受到生活和数学有着密切的联系,只要做有心人,生活中处处都能找到数学。

(二)量概念的认识

通过合作、实践以及解决问题可以增强数感。例如,"千克的初步认识"的教学可安排学生完成以下操作活动:①让学生把大米装在塑料袋里,并称出 1 千克的大米,让学生掂一掂,初步感受 1 千克有多重;②学生分别掂一掂自带的物品(如重 500 克的袋装食盐、重 250 克的味精等),比较并体会不同质量物品带来的感觉差异;③发给每组 3 个质量不一装有大米的塑料袋(其中有一袋重为 1 千克),让学生分别掂一掂,找出重 1 千克的袋子,看谁找得准;④让学生拿出若干的课本和练习本,先用手掂一掂,并通过增减,估计一下是否有 1 千克,再用秤验证,然后推测出 2 千克、5 千克的总本数。在实践操作中体会 1 克的物体能吹得动,1 千克的物体能掂得动,强化学生的数感。

数学知识经历了从形象到表象、从表象到抽象两个过程。而这两个过程,也是两次提升,在提升的过程中,合作交流起到了非常重要的作用。小组合作学习有利于学生人人参与学习全过程,它不仅能发掘个人内在的潜能,还能培养集体合作精神,这样人人可以尝试成功的喜悦。同学之间的语言最容易理解,数感也能得到进一步加强。比如在"9 加几"教学中,教师在指导学生动手操作体会"凑十法"后,学生的思维停留在具体形象的层面,学生更多是对活动本身的喜欢,而不是对数学的热爱。若学生活动经验的积累只停留在这个层面,那么这样的教学很容易流于热闹的形式,根本没有深入到数学的本质。动手、动口、动脑都是活动经验积累的方式,然而只动手是远远不够的。我们应在这个环节及时组织学生回顾、交流操作过程,让学生通过"在头脑里摆学具"获得完整的操作过程的表象,并试着让学生把表象的过程表现出来,也就是留下学生思考的痕迹。接着,结合算式引导学生利用表象思考 9+4 可以怎样算,从而使学生明白:为了先凑成十,就把 4 分成 1 和 3,先算 9+1=10,再算 10+3=13,并在交流、对话中完成计算过程。然后告诉学生,这种算法是将4分成1和3,先把9和1凑成10,再加剩下的3,这样算就会很方便,这样的方法就是"凑十法"。帮助学生根据动作过程抽象并认识"凑十法",这样,学生的数感在讨论和观察中得到了进一步的发展。

当学生把所学知识应用到生活中去时,他们才能更好地掌握知识,内化知识。估算是解决问题的一种重要方法,老师们应该特别重视起来。比如,学生在认识10以内的数后,在认识20以内、100以内的数时,教师可以通过估一估、数一数具体实物等活动帮助学生形成对十、百等数量大小的感觉,如数100粒黄豆、100根小棒,估计教室里的学生人数,估计一堆水果的数量,等等。我们还可以就同一个数在实际生活中的多种意义所表现的数量来加强学生对数的感知。比如,1200张纸大约有多厚,你的1200步大约有多长,1200名学生站成做广播操的队形需要多大的场地,等等,类似这样的问题可让学生举一反三。

总之,培养学生数感的过程是循序渐进的。培养学生的数感,可以使学生有更多的机会接触社会,体验现实,表达自己对问题的看法,用不同的方式思考和解决问题,这无疑会有助于学生创新精神和实践能力的提高。随着数感的建立、发展和强化,学生的整体数学素养也会有所提高。

第三节 小学数学数的运算的教学

一、教学中的常见问题

数的运算是小学数学教学的重点内容,也是课程改革的重点。《义务教育数学课程标准》对于数的运算教学,提出:重视口算,淡化笔算,加算估算,提倡算法多样化。然而在实际的教学中却潜藏着诸多的问题。

首先,问题情境的开放,偏离了目标要求。数的运算都是将解决问题作为运算学习的自然组成部分。但在教学中,当教师呈现主题图让学生提出问题时,往往由于问题情境的开放,学生游离在情境之外,要探讨的运算迟迟无法引入,影响目标的达成。例如,在"两位数减两位数"的教学中,有位教师出示主题图,让学生观察感受北京申奥成功的喜悦,然后引导学生看相关的统计表,提出数学问题。学生提出:北京和多伦多共得到多少票?北京比多伦多超出几票?多伦多和巴黎共得几票?多伦多比巴黎多几票?一节课花了近一半时间提问题和解决问题,而算法的探讨匆匆而过,并未达到预期的目标。

其次,对算法多样化的追求,影响了技能掌握。提倡算法多样化,是计算教学改革的一个基本理念。但在教学实践中,往往出现一方面教师一味追求多样化的算法,花了不少时间,另一方面学生在选择自己喜欢的算法时,感到眼花缭乱,无所适从,找不到最优算法,从而影响基本计算技能的掌握的现象。练习时,教师发现很多学生仍用自己熟悉的方法,有的"学困生"甚至不知用何方法计算。算法并非多多益善,倡导算法多样化的目的是促进学生个体的发展,尊重学生的独立思考。教学时不能停留在引出多种算法,而必须关注优化。当然,优化的过程是学生不断体验与感悟的过程,而不是强制的过程。

再次,流于形式的练习,影响了教学实效。在数的运算的教学中,教师不仅要关注学生对"双基"的掌握,更要关注学生在情感、态度、价值观等方面的发展。因此,为激发学生的学习兴趣,调动练习积极性,创设一些喜闻乐见的练习活动是必需的。不过,要重视课堂上学生的思考与练习,对"双基"的培养与训练只有形式而无实效的热闹是不可取的。如口算一道题,采用4人小组合作完成没有必要;摘苹果游戏活动,题量不多,但有速度要求,这种竞争机制的练习,常常是优等生在参与竞争,"学困生"在一旁观望,这种练习没有多少效果。在口算练习中可将视算与听算相结合,教材给出的口算题都是可以看到题目的,如果总是"视算",学生有了依赖性,对提高计算速度不利,因此还要加强"听算",即教师口述题目学生在本子上写结果,这使得中上水平的学生能有效提高计算速度。

二、教学策略初探

(一)计算教学应注重情境创设的巧妙性

数学情境创设是指把生活中的实际问题提出来,让学生产生认知冲突,进行探索,将实际问题逐步抽象成数学问题。[①]

在计算教学中创设一定的情境很有必要,《义务教育数学课程标准》明确指出:让学生学习生活中的数学,感受数学与生活的密切联系,并且能用数学知识解决生活中的实际问题,但创设的情境一定要符合学生的年龄特征、贴近学生生活。我们要通过创设与学生生活紧密相关的生活情境,使学生感受到数学与现实世界的紧密联系,激起学生对数学的兴趣。主题图要紧扣学生情况与教学实际进行适当处理。主题图的选择必须符合学生学习的实际情况,教师在教学设计时要仔细斟酌教材中的主题图。当教材中的主题图与学生生活实际不吻合时,教师要灵活进行处理,把整堂课自然地串成一个生活情境,营造良好的学习氛围。德国教育家第斯多惠指出,教学的艺术不在于传授的本领,而在于唤醒、激励、鼓舞,创设教学情境,也是唤醒、激励、鼓舞的一种艺术。而近代心理学研究也表明:学生课堂思维是否活跃,主要取决于他们是否具有解决问题的需要。所以课堂上,教师应调动起学生的求知欲望。此时,创设问题情境犹如一块石头投入学生的脑海,必会激起思维的浪花。可见,创设问题情境是教学的一种重要手段。

(二)计算教学应注重多样化与最优化的灵活性

在计算教学中,既然计算方法存在着多样化,那么学生找出了自己的方法后,并认为哪种方法最适合自己,就应允许他使用。一种算法不是上完一节课就被搁置,对于自己找到的方法,学生有一种积极的情感,在解决问题时,学生喜欢用自己的算法,学生在解决问题的过程中会不断地反思,可能会发现原来的方法又不适合自己,对自己的方法进行改进,从而找到最好的,这

[①]宫金玲.小学数学教学中创设有效问题情境的策略分析[J].学生电脑,2019(4):1.

本身就是一个能力发展的过程。所以,在呈现算法多样化时,教师不必急于硬性给学生灌输最优化的方法,让学生在自己摸索的过程中得出符合认知规律的最优化的方法,如101×45,有的学生是这样做的:101×45=(100+1)×45=100×45+1×45;而有的学生是这样做的:101×45=101×(40+5)=101×40+101×5,教师应让学生能根据实际情况,选择最优化的方法去进行计算。当然,计算方法多样化也要遵循学生实际和教学内容的不同,当学生只能想出一种计算方法而且这种计算方法也是比较合理的方法时,教师不必为了追求多样化而生硬地要求学生继续思考还可以怎么计算。

(三)计算教学应注重练习形式的多样性

数学计算教学还有一个重要组成部分是巩固练习。这是学生对所学知识的巩固,是形成技能、技巧的重要途径,而且可以发展学生的思维能力和创造能力,也是检查学生掌握新知识情况的有力措施,同时使学生及时了解自己练习的结果,品尝成功的喜悦,提高练习的兴趣,并且及时发现错误,纠正错误,提高练习的效果。

传统的计算教学只追求量不考虑形式,使学生在枯燥的练习中熟练掌握计算技能。而在课改初期,重探究轻练习的教学模式一定程度上会造成学生计算能力不扎实的问题。计算教学的理性回归需要巩固练习,而且需要考虑学生个体的不同形式的练习。

计算课与应用题课、几何课相对比较枯燥,练习的设计既要顾及知识的积淀,又要考虑学生的兴趣。授课之后,教师应紧紧围绕教学目标,根据学生年龄特点精心设计多种形式的习题让学生尝试算法的运用,通过练习、比较发现错误,这时教师应及时指导,矫正补缺,从而提高学生计算的正确率和计算的速度。在教学中安排不同的练习形式,如学生独立算、同桌对口令、开小火车、抢答、学生自己编题等,可以提高学生的学习积极性,促进学生创新意识的提高。

第四节 小学数学方程与正反比例的教学

一、教学中的常见问题

小学数学教科书中编排适当的代数初步知识,经过近20年的实践,证明这样做有利于巩固已学的基础知识,能加深学生对所学知识的理解;有利于开阔学生的思路,提高他们分析问题与解决实际问题的能力;有利于培养学生的抽象思维能力与概括能力,为学生今后进一步学习中学数学知识打下良好的基础。但是,由于代数初步知识对于小学生来说,仍然是很抽象的内容,教师在实际教学中把握不准,常常出现一些错误和问题。

(一)字母表示数

人类从用符号表示"特定的数",发展到有意识地、系统地用字母表示数,经历了1000多年。如果说个体的成长往往会以某种形式重复人类发展的历程,那么学生对字母表示数的理解或多或少也要经历类似的跌跌撞撞的过程,才能在比较抽象的水平上形成对新的数学对象"一般的数"与它的符号表示的认识。因此,教学从下面三个维度层层推进:一是让学生亲历用字母表示数的抽象概括的过程。二是让学生理解含有字母的式子既表示结果,也表示关系。三是用代数语言表示数学关系,让学生体会数学的符号化思想。

固然,抽象概括的过程与代数语言的认识有难度,但从教学的情况来看,相对还是较容易理解的,只是对含有字母的式子既表示结果,又表示关系的理解很困难。有的学生不能自觉将字母作为数学对象,更不能将字母视为广义的数,认为已知的只是字母,列成的式子不是结果,无法解决问题,还有的学生则忽略字母的存在。显然,这是学生在认识上的断层,从算术思想到代数思想的转变需要经历一次飞跃。

(二)代数式及其运算

学生对有理数及有理数的运算有了一定的基础,在教材第一节中对于字母表示数已具有一定的认知水平,并且学生从小学开始就已经和字母有了接触,从小学到初中的数的运算实质就是代数式的运算,在此基础上导入代数式和代数式值的内容,对教师来说无疑是一个良好的时机。但由于代数式的运算比较抽象,对小学生来讲,无疑是一个巨大的挑战。

(三)方程

简易方程教学中经常存在以下问题。

1.代入公式求值计算的结果要不要求写上单位名称问题。以代入公式求值计算的结果,原义务教育课程标准实验教材不要求写单位名称,现课标教材要求写单位名称。这种改变的原因:一是为了与中学统一。二是考虑到代入公式求值的结果应与以前学习的直接列式计算的结果统一。另外,代入求值时,课标教材先写出公式是为了便于学生更好地记忆和应用(事实上,如果没有明确要求,可以不写出公式,用已知数据直接写出算式)。

2."等式的性质"的教学问题。以往的教材是利用四则运算各部分间的关系来解方程,新课程标准要求"会用等式的性质解简单的方程"。为了减轻学生的记忆负担,课标教材没有给出"等式基本性质"的名称,也没有用文字概括出等式的性质,只是通过天平平衡的实验帮助学生理解天平保持平衡的道理,以此渗透等式的性质。而由于"天平平衡的道理"只停留在直观层面,没有与等式直接联系起来,也就是没有概括出等式的性质,而解方程又必须利用等式的性质,即"方程(或等式)两边加上或减去同一个数,左右仍然相等",所以现在教学解方程,仍要借助天平演示。有的老师认为不如直接给出"等式的性质",并概括两条性质的内容,这样教学解方程时,就不用再借助天平演示的图示而直接利用等式的性质去求解。我们认为这样处理也是可以的。在教学"天平保持平衡的道理"时,可以结合天平和等式来概括"等式的性质"。当学生观察出"天平两边同时加上(或减去)相同的数量的物品依然保持平衡"时,教师可以对照天平,结合直观的等式说明"等式就像平衡的天平,在平衡的天平两边加(或减)同样的数量的物体,就相当于在等式两边加(或减)同一个数,等式仍然相等",如用"当左边=右边时,左边+a=右边+a"这样的式子帮助学生理解。在此基础上,教学解方程就可以直接利用"等式的性质"求解。

(四)正反比例

正反比例的课堂教学虽能顺畅地朝前推进,但学生对正比例和反比例含义的认识仍然浮在表面。学生的问题主要表现在两个方面:一是判断两个量是否成正比例或反比例时,列表法呈现效果较好,但用语言叙述类似"圆柱体的体积一定,底面积和高……"的问题时学生的错误率就非常高,有些学生甚至无从下手。二是当面对可以用比例方法解决的问题时,许多学生往往看不出题中两种量的比例关系,不是用正、反比例的意义特点去分析数量关系,而是完全运用方程的思想去列出等式。这充分说明学生对成正、反比例的两种量的特点、变化规律的认识不是很清晰,以致实际解题时就暴露出问题来了。

首先,对意义的揭示过程是由定义来教定义,忽视对两种量变化规律的深入体验。教材中对正反比例的意义用下定义作了描述,有些教师在教学正、反比例的概念时就只让学生体会定义中提到的"两种相关联的量,一种量变化,另一种量也随着变化"和"这两种量相对应的两个数的比值一定"。然而这样的教学并不能帮助学生更好地理解,也不利于学生建立比例概念的表象。

其次,在运用正、反比例的意义判断是否成正反比例的过程中重结论的机械运用,忽视两种量变化规律的动态体验。正、反比例的意义渗透了函数思想,从事物运动变化的角度研究两个变量之间的关系,而"变量"的"变"是通过数据来说明的,离开数据来研究量之间的关系,那就是空谈。为什么学生面对用列表法呈现的两个变量时能轻而易举地正确判断是否成正(反)比例,而用表述法呈现时却错误率非常高,甚至无从下手? 因为列表法呈现时表格中有数据罗列,"变"的过程可以通过数据的变化看得很清晰,学生可以依托数据的变化情况作出判断,而表述法呈现时只有文字,没有数据的变化情况来帮助支撑学生的思考,有些学生就觉得无从下手了。

二、教学策略初探

(一)字母表示数

每个学生在数学学习的历程中,"字母"的出现都是一次认识上的飞跃。在"字母表示数"的教学中,教师肩负着帮助学生从算术思维向代数思维过渡的重任。学习"字母表示数"的过程是学生建立数感与符号意识的重要过程,同时也是为学生今后继续学习代数式、整式、分式和根式等一系列概念及相关运算打下基础的重要过程,具有非常重要的意义,需要引起高度重视。

首先,让学生体会字母表示数的"概括"作用。字母表示数是符号表示的开始,用符号可以进行一般性的运算和推理。其次,让学生认识到字母不仅可以表示任意数,还可以表示一种关系。再次,让他们初步感受字母的取值范围。最后,教师一定要关注学生在学习中的困难。例如,儿歌——《数青蛙》:一只青蛙一张嘴,两只眼睛四条腿。两只青蛙两张嘴,四只眼睛八条腿。三只青蛙三张嘴,六只眼睛十二条腿。

让学生边拍手边有节奏地哼唱,与此同时课件不断显示更多的青蛙,直到多得数不清。这时老师可以问:还能唱吗? 学生感到有困难了,于是教师发给学生每人一张小纸条,试着写一写。

学生1:无数只青蛙无数张嘴,无数只眼睛无数条腿。

学生2:a只青蛙b张嘴,c只眼睛d条腿。

学生3:a只青蛙a张嘴,b只眼睛c条腿。

学生4:a只青蛙a张嘴,aa只眼睛aaaa条腿。

学生5:a只青蛙a张嘴,2a只眼睛4a条腿。

学生的发言与交流,展现了学生不同的结论及不同的思维层次,例如,学生1还没有达到"用字母表示数"的水平,停留在用语言来描述数量及关系的层次;学生2虽然达到了"用字母表示数"的水平,但没有表示出数量关系;学生3走近了"用字母表示数",有了一定的数量关系,但是不全面;学生4走近了"用字母表示数",明白数量关系,但是表示不准确,有待教师的引导;学生5真正走进了"用字母表示数",既用字母表示出了数,又准确地表示出了数量之间的关系。

这个例子通过学生喜欢的、生动的"说儿歌"活动,让学生在数的过程中感受到"数"的具体,并由此产生寻求更简洁、更具概括作用的表示数的方法的需求。这个过程既是新知识的学习过程,更是学生由原有的算术思维水平不断向代数思维水平迈进的过程,既完成了从数的具体到字母抽象的过渡,又让学生体会了字母可以表示一种关系。

总的来说,为有效地帮助学生架设认知的桥梁,根据学生使用字母水平的不同,教学预设应分为三个层次:学生曾接触过的用字母表示特定的数、用字母表示变化的数、用字母表示一些数学关系。从教学的实际效果看来,教学策略的选择应注意以下几个方面才能达成预期的教学效果。

1.设情境,注重感悟。教学时,注意联系生活实际创设情境,而且要注意情境的趣味性,如儿歌"数青蛙"就能很好地激发学生探索新知的愿望。学生在情境的引导下,主动实现对数学知识的认识和理解。

2.关注生成,着眼发展。教学的交往互动,是师生之间、生生之间相互交流、相互沟通、相互启发、相互补充的共同活动,是一个动态的、复杂的过程,具有许多的不确定性。课堂中,学生在亲历用字母表示数的抽象过程后,产生的想法是多样的,学生的认识是不同的,"a"与情境的联系也是多样的。这些都需要教师遵循学生发展的需要,发挥教学机制,灵活调整教学活动。

3.优化语言,多样评价。正如比利时学者德朗舍尔说:"在我们的教学形式中,教师的口头语言行为表示了他所做的全部事情和他要学生做的全部事情。"因此,教师的教学语言必须优化,使教师成为学生学习的激励者。激励的评价语言,可以给学生以努力的方向,比如,"猜测是科学发现的前奏,你们已经迈出了精彩的一步"。赞赏性的评价语言,可引导学生学会学习,如"你创造了用字母来概括表示数的方法,老师为你感到骄傲"。教师教学语言的优化,必定会使课堂教学充满活力。

在教学中,如果有个别学生不能自觉使用含有字母的乘法简写形式,教师一要给足学生自学与交流的时间进行适时的小结,增加简写的训练。二要理解学生,包容学生。这种省略乘号的写法学生以前没有接触过,虽然通过"用字母表示数"的学习,知道了如何简写,明白这种写法的简洁,但仍觉得不习惯,因此不能自觉运用。但是随着学习时间的推移,学生一定会非常乐意选择简写,也会熟练、自觉地进行表达和运算。

例如,女孩有 6 支笔,男孩比女孩多 a 支,男孩有几支?(6+a)有的学生问:男孩到底有几支? 学生总感觉"6+a"表示的是一个运算过程,而不是一个结果,这是正常现象。的确,小学生的思维在相当长的时间里是以算术思维为主的,但伴随着学习的不断深入,从算术思维过渡到代数思维是每一个学生必须面对的。这个飞跃对于大多数学生而言都会存在不同程度的困难,都将是一次挑战。这个过渡是个过程,而且这个过程的长短对不同的学生而言也会存在差异,我们在教学中应对不同的学生给予不同的关注和辅导,允许一部分学生在经历一段时间的学习和积累后渐渐达到要求,完成过渡。

(二)代数式及其运算

教学内容直奔教学主题——代数式的意义,降低了教学的难度,有效地克服了学生的心理障碍,并结合上一节的内容很自然地引入了代数式值的意义,再通过具体的情境来列代数式并求其值。然后通过反问代数式还能表示哪些实际意义,将教学活动引向高潮,激发学生的联想、类比,进一步拓展学生的思维,同时也进一步调动了学生学习的积极性。最后教材提供了一个刻画有趣现象的经验公式——蟋蟀叫的次数与温度的关系,既使学生感悟了数学建模的思想,又使学生在轻松愉快的环境中加深了对代数式和求代数式值的理解。

教学中要充分利用实际的背景,争取让学生主动参与,通过丰富有趣的活动让学生经历符号化的过程,以及运用它推断代数式所反映规律的过程,同时也可以借助多媒体辅助教学来提供更多的实际背景,从而拓展学生的思维。在从语言到代数式、从代数式到语言转化的过程中,要注重培养学生正确运用数学语言进行表达和交流的能力。

根据以上分析,确定本节课的教学目标如下:①让学生进一步理解字母表示数的意义,能结合具体情境给字母赋予实际意义。理解代数式和代数式的值的意义,能解释一些简单代数式的实际背景或几何意义。在具体情境中能求出代数式的值。(知识与技能);②通过创设实际背景和引用符号,让学生经历观察、体验、验算、猜想、归纳等数学过程,体会数学与现实世界的联系,增强符号感,发展运用符号解决问题的意识和数学探究意识。(过程与方法);③让学生在解决问题的过程中体验类比、联想等思维方法,体验数学美,增强学习的自信心。(情感与态度)

(三)方程

简易方程是小学数学中代数初步知识教学的主要内容,目的是使学生掌握、运用代数方法解决实际问题,使数学贴近现实生活。教学的关键是让学生在理解"等式""含有未知数的等式"这两个概念的基础上,进而理解方程、方程的解和解方程等概念。教师可先借助天平创设"平衡"的情境,让学生真正理解"等式"的含义。然后,在天平的一边加入一个已知质量的砝码,使天平不平衡,再在天平的另一边加入不知质量的砝码,使天平重新平衡,这个不知质量的砝码,就是含有未知数"x"的砝码,这样就可以建立起"含有未知数的等式"的概念,而"含有未知数的等式,就是方程"。在此基础上,引导学生分析寻找出"x"砝码的质量,寻找的过程就是"解方程"的过程,寻找的结果就是"方程的解"。这样,学生也就易于理解这一系列有关概念的含义了。通过这样的教学,不仅加深了学生对简易方程的理解,而且调动了学生的学习兴趣,提高了学生的分析观察能力,使他们开始形成用代数方法解题的思维习惯。

对"式与方程"这部分内容,课标有如下教学目标:①能用方程表示简单情境中的等量关系,了解方程的作用;②了解等式的性质,能用等式的性质解简单的方程。

1.方程的意义。在教学这部分内容时,我们习惯让学生记忆"含有未知数的等式叫作方程",其实概念的理解与定义的记忆并不一致,对于方程的意义更重要的是本源性的理解:方程是刻画等量关系的模型,用等号将相互等价的两件事情联立起来,在刻画的过程中,把未知数看成和已知数同等的地位。了解了方程的作用,就不需要再讨论x=5到底是不是方程了。

2.列方程。了解了方程的意义后,我们就开始列方程。列方程要经历两次转化:第一次将情境中蕴含的等量关系转化为用自然语言表达的等式(直观描述)。第二次将自然语言表达的等式用数学符号加以表达,转化为方程(符号表达)。

这里强调的是寻找等量关系,可以通过画图、语言描述、操作模拟等手段再现等量关系。我们讲这部分内容的时候,必须把等量关系板书到黑板上,再通过等量关系列方程。四年级期末考试卷中有这样一道题:先写等量关系,再列方程。我们发现很多学生方程列对了,等量关系却不对,这确实要引起注意。第二次转化我们已经相当重视了,以后我们需要关注直观描述。

3.提早渗透关系。学生从算术思维向代数思维过渡需要孕伏,那么这样的孕伏就不应该仅仅是高年级老师的教学任务。各年段的教师都应该善于捕捉恰当的内容,善于寻找恰当的时机,选择恰当的方式,及时训练学生的代数思维,让学生在活动中有所感、有所悟。学生不愿意列方程解决问题的一个很重要的原因是学生不习惯代数思维,不习惯将等号看成相等关系的符号。因此,在低年级阶段要提早设计一些问题,如5+( )=8,4+6=3+( ),鼓励学生逐步关注问题中的关系,这样做的目的是在日常教学中帮助学生不断理解等号的意义,特别是等号既表示得到的结果,又表示相等的关系。其实代数思想之前就已经渗透,教师不要抑制其自然萌发的状态。

4.解方程。以前小学阶段的解方程,其基本依据是加与减、乘与除之间的逆运算关系,现在主要提倡利用等式的性质。运用等式的性质其实体现的是代数的思维,关注的是方程的结构和关系,与中学解法一致,直接与中学衔接。《义务教育数学课程标准》明确要求:在小学里学习解方程也是利用等式的性质,这样中学学习不再是另起炉灶。小学里解方程的教学,与中学数学教学的衔接,不仅仅表现为解方程方法的一致,更有价值的是思考问题的方法趋向一致。根据四则运算的互逆关系解方程,属于算术领域的思考方法。用等式性质解方程,属于代数领域的解方程。两者有联系,但后者是前者的发展与提高。这样,在解方程的学习中,学生将逐步接受并运用代数的方法思考、解决问题,思维水平得到提高。

(四)正反比例

在小学数学教学中正比例和反比例一直是一个重要的内容,这部分内容同样肩负了帮助学生完成一次认识上飞跃的重要任务。学生将从大量对"常量"的认识经验中逐步认识"变量",这是函数思想渗透的重要契机。从"数与代数"内容的发展来看,本质上可以从两个角度理解:第一,从数的扩充角度,从常量到变量。第二,从关系的角度,从数量关系到等量、不等、变化关系。

在教学中渗透函数思想。在有关正反比例的教学中,我们常说要渗透函数思想,但"函数"并不是小学的学习内容,可这并不代表小学阶段不能有机渗透函数思想。

第五节 小学数学数与代数的教学策略与实践

一、构建良好的课堂氛围

在小学数学教学中,教师要注重营造良好的课堂氛围,让学生在轻松愉悦的氛围中学习数学知识。首先,教师可以利用多媒体为学生播放一些有关数学知识的视频,让学生在观看视频的过程中感受到数学知识的魅力。其次,教师要以学生为主体,鼓励学生积极参与到课堂活动中来,让学生在活动中感受到学习的乐趣。最后,教师要营造和谐的师生关系,让学生在和谐的课堂环境下学习知识。

二、帮助学生理解数与代数

在小学阶段,学生对于数与代数的学习还存在一些问题,教师要采取合理有效的方法,帮助学生学习。例如,在进行除法教学时,教师要让学生明白除法的意义,从而为其后面学习除法做好铺垫。教师要对学生进行耐心指导,让学生掌握好运用除法的方法,在进行相关问题的解决时可以运用到上面所说的方法。

三、利用多媒体技术,增强学习效果

在教学中,教师可以利用多媒体技术,创设一定的情境,让学生对数与代数产生浓厚的兴趣,调动学生的积极性和主动性。例如,教师在教学"统计"时,可以利用多媒体技术设计一个调查问卷,让学生进行数据统计和分析,并将结果写在调查问卷上。通过调查问卷,教师可以了解到学生对哪一方面的知识比较感兴趣,然后根据这些数据分析出学生的兴趣点是什么,从而针对这一问题提出相应的教学措施。

四、提高数学知识运用能力

小学数学教师要注意培养学生的数学思维,让学生学会用数学知识来解决实际问题,提高学生的数学知识运用能力。在课堂上,教师可以先为学生讲解一些简单的数学问题,让学生通过自己的观察和分析来解决问题,培养学生的发散性思维。在解决实际问题的过程中,教师要注意培养学生的思维能力和创新能力,让学生学会用所学的数学知识解决实际问题。例如,在学习"可能性"时,教师可以给学生讲一些有关概率的知识。如"小球滚到不同位置出现的概率是多少"等。

五、转变传统教学模式

小学数学教师要转变传统的教学模式,提高对数与代数教学的重视程度,采用有效的教学策略,激发学生学习数与代数的兴趣,培养学生的自主学习能力。教师要充分认识到数与代数教学中存在的问题,结合实际情况提出合理有效的教学策略,提高教学质量,让学生在学习中感受到数学的乐趣。

第五章 小学数学图形与几何的教学

第一节 小学数学图形与几何的教学概述

一、图形与几何的教学意义

图形与几何领域主要分为4个部分:图形的认识、图形的测量、图形的运动、图形与位置。学习和应用相应的图形与几何的有关知识和数学学习方法,对于学生更好地认识、理解生活图形,更好地生存和发展有着重要的现实意义。

(一)培养学生初步的图形观念

发展学生的图形观念是《义务教育数学课程标准》中的一个重要目标,也是图形与几何学习的核心目标之一。学生图形观念的形成是建立在观察、感知、操作、思考、想象等的基础上,特别是对于低年级的学生,实际观察和操作是发展图形观念的必备环节。

(二)有助于培养学生学习数学的兴趣,促进学生形成科学精神和科学态度

在拼一拼、量一量等大量的实践活动中,可以使学生体验研究数学的乐趣,积累数学活动经验,逐渐形成科学精神和科学态度。

(三)培养和提高学生的审美情趣,发展数学直觉

《义务教育数学课程标准》把数学定义为理性的艺术。数学不仅有利于发展学生的逻辑思维,而且有利于学生创造才能的发展。

二、图形与几何的内容标准与教学要求

根据不同学段学生的不同生理和心理特征,《义务教育数学课程标准》对第一学段、第二学段学生的图形与几何领域的知识所要达到的目标有着不同的要求。

(一)第一学段(1～3年级)图形与几何的内容标准与教学要求

在本学段中,学生将认识简单几何体和平面图形,感受平移、旋转、对称现象,学习描述物体相对位置的一些方法,进行简单的测量活动,建立初步的图形观念。同时,根据学生的特点,教学中应多从学生的生活经验出发,让学生从生活中去观察、操作以此获取关于简单几何体和平面图形的直观经验。

1.图形的认识。其主要包括:①能通过实物和模型辨认长方体、正方体、圆柱和球等几何体;②能根据具体事物、照片或直观图辨认从不同角度观察到的简单物体;③能辨认长方形、正方形、三角形、平行四边形、圆等简单图形;④通过观察、操作,初步认识长方形、正方形的特征;⑤会用长方形、正方形、三角形、平行四边形或圆拼图;⑥结合生活情境认识角,了解直角、锐角和钝角;⑦能对简单几何体和图形进行分类。

此学段学生的思维基本处于形象、直观阶段,他们的几何初步知识基本属于直观几何。根据该阶段学生的特点,教师在教学过程中对于几何物体或图形的选取应从学生的实际生活或活动经验出发,使学生获得对简单几何体和平面图形的直观经验,逐步认识简单几何体和平面图形的形状、大小、位置关系等,形成图形的认识结构。例如,呈现一个具体的实物几何体,首先让学生去发现里面包含了哪些平面图形,再把平面图形加以分类。

2.测量。其主要包括:①结合生活实际,经历用不同方式测量物体长度的过程,体会建立统一度量单位的重要性;②在实践活动中,体会并认识长度单位千米、米、厘米,知道分米、毫米,能进行简单的单位换算,能恰当地选择长度单位;③能估测一些物体的长度,并进行测量;④结合实例认识周长,并能测量简单图形的周长,探索并掌握长方形、正方形的周长公式;⑤结合实例认识面积,体会并认识面积单位平方厘米、平方分米、平方米,能进行简单的单位换算;⑥探索并掌握长方形、正方形的面积公式,会估计给定简单图形的面积。

测量的内容实际上是对图形的计算。测量的教学要让每个学生动手实际操作,从自己身边的物体开始进行测量,体验测量的过程,加深对量的实际意义的理解。测量部分非常重要的知识点是长度单位的学习,它稍显抽象,教师一定要在实际操作、活动中让学生去感知。例如,认识厘米可让学生观察刻度尺,认识米可用米尺,再列举一些长度为1厘米和1米的实物,让学生感知它们之间的差别,有一个直观的印象和感知。在对具体图形的测量有一定掌握之后,引导学生在测量的过程中探索周长与面积公式,这也是学生测量能力的进一步提升,同时能够让学生对周长与面积公式掌握得更加牢固。

3.图形的运动。其主要包括:①结合实例,感知图形的平移、旋转、轴对称现象;②能辨认简单图形平移后的图形;③通过观察、操作,认识轴对称图形。

平移、旋转、轴对称是图形变换的基本形式。教师要引导学生去发现和感受这三种运动所呈现的美,由美引出它们各自所具备的特征。在掌握各自特征的基础上,让学生在生活的实例中认识这些现象,并能够用恰当的语言刻画和描述生活中的这些现象。

4.图形与位置。其主要包括:①会用上、下、左、右、前、后描述物体的相对位置;②给定东、南、西、北四个方向中的一个方向,能辨认其余三个方向,知道东北、西北、东南、西南四个方向,会用这些词语描绘物体所在的方向。

图形与位置的教学可加深学生对现实空间的认识。认识物体的相对位置,是学生空间观念的基础;辨认空间中的方向,则可以建立学生的空间方向感。教师可以通过创设学生熟悉的生活、活动情境来促使学生能够用自己的语言描述物体的相对位置和物体所在的方向。例如,把学生带到操场上,让他们说一说早晨的太阳在什么方向。让学生面向东站好,告诉他们背对着的方向是西;再让学生伸开两臂,左手指的方向是北,右手指的方向是南。从而利用学生已有的前、后、左、右的方位知识与东、南、西、北建立起联系,帮助他们认识这四个方向。

(二)第二学段(4～6年级)图形与几何的内容标准与教学要求

在本学段中,学生将了解一些简单几何体和平面图形的基本特征,进一步学习图形变换和确定物体位置的方法,发展图形观念。在教学中,应注重使学生探索现实世界中有关图形与空间的问题;应注重使学生通过观察、操作、推理等手段,逐步认识简单几何体和平面图形的形状、大小、位置关系及变换;应注重通过观察物体、认识方向、制作模型、设计图案等活动,发展学生的图形观念。

1.图形的认识。其主要包括:①结合实例了解线段、射线和直线;②体会两点间所有连线中线段最短,知道两点间的距离;③知道平角与周角,了解周角、平角、钝角、直角、锐角之间的大小关系;④结合生活情境了解平面上两条直线的平行和相交(包括垂直)关系;⑤通过观察、操作,认识平行四边形、梯形和圆,知道扇形,会用圆规画圆;⑥认识三角形,通过观察、操作,了解三角形两边之和大于第三边、三角形内角和是$180°$;⑦认识等腰三角形、等边三角形、直角三角形、锐角三角形、钝角三角形;⑧能辨认从不同方向(前面、侧面、上面)看到的物体的形状图;⑨通过观察、操作,认识长方体、正方体、圆柱体和圆锥体,认识长方体、正方体和圆柱体的展开图。

本学段图形的认识包括:平面图形的认识和空间图形的认识。平面图形的认识包含点、线、角的认识。能够区分直线、线段、射线各自不同的特点;理解不同角之间的联系;了解平面上两条直线的平行和相交的关系;能够根据三角形角、边的特征对三角形进行分类。对于空间图形,要引导学生理解面、棱、顶点这三要素,并探索其联系与区别。

2.测量。其主要包括:①能用量角器量指定角的度数,能画指定度数的角,会用三角尺画$30°$、$45°$、$60°$、$90°$的角;②探索并掌握三角形、平行四边形和梯形的面积公式,并能解决简单的实际问题;③知道面积单位平方千米、公项;④通过操作,了解圆的周长与直径的比为定值,掌握圆的周长公式。探索并掌握圆的面积公式,并能解决简单的实际问题;⑤会用方格纸估计不规则图形的面积;⑥通过实例了解体积(包括容积)的意义及度量单位立方米、立方分米、立方厘米、升、毫升,能进行单位之间的换算,感受1立方米、1立方厘米以及1升、1毫升的实际意义;⑦结合具体情境,探索并掌握长方体、正方体、圆柱的体积和表面积以及圆锥体积的计算方法,并能解决简单的实际问题;⑧体验某些实物(如土豆等)体积的测量方法。

教师要按画法步骤给学生展示用量角器画角和用三角板和直尺画平行线的方法,让学生明白正确的操作。对于三角形、平行四边形和梯形的面积公式一定要给学生展示公式的形成过程,加深其理解。而圆的周长和面积公式一定是在学生掌握圆的特点,理解圆的周长和圆周率的意义基础上进行推导。而对于不规则物体的面积测量,教师要引导学生把不规则图形转化为近似的规则图形。

3.图形的运动。其主要包括:①通过观察、操作等活动,进一步认识轴对称图形及其对称轴,能在方格纸上画出轴对称图形的对称轴,能在方格纸上补全一个简单的轴对称图形;②通过观察、操作等,在方格纸上认识图形的平移与旋转,能在方格纸上按水平或垂直方向将简单图形平移,在方格纸上将简单图形旋转90°;③能利用方格纸按一定比例将简单图形放大或缩小;④能从平移、旋转和轴对称的角度欣赏生活中的图案,并运用它们在方格纸上设计简单的图案。

本学段主要是强调学生的动手操作能力,增强学生的实际感受和现实体验。通过实际的动手操作确定轴对称图形的对称轴,体会图形变换中的相似性,更加深刻地理解轴对称图形的本质和图形运动的变与不变。

4.图形与位置。其主要包括:①了解比例尺,在具体情境中,会按给定的比例进行图上距离与实际距离的换算;②能根据物体相对于参照点的方向和距离确定其位置;③会描述简单的路线图;④在具体情境中,能在方格纸上用数对(限于正整数)表示位置,知道数对与方格纸上点的对应。

比例尺是本学段图形与位置学习的基础和关键。实际生活中经常需要把地图和平面图的距离换算成实际的距离。因而教师在教学过程中应更多地从生活中的实际运用出发,让学生能够真正读懂比例尺的实际意义。在理解的基础上,教师则要引导学生自己主动地将比例尺运用于生活,去解决生活中一些实际的问题。

第二节 小学数学图形认识的教学

一、教学中的常见问题

(一)空间和平面的基本图形

如何在观察、操作中认识图形,抽象出图形特征,发展空间观念。

如何以图形的测量为载体,渗透度量意识,让学生体会测量的意义,认识度量单位及其实际意义,掌握测量的基本方法,并在具体问题中进行恰当的估测,从而发展学生的空间观念与推理能力。

(二)图形的性质和分类

新教材在编写过程中的一个突出特点是逐步渗透,螺旋上升,很多教师对几何与图形各个学段的目标、各册知识的分布了解不够透彻,没有顾及各册教材中图形与几何知识之间的联系,导致教学"不适度",不能很好地把握教学的重点、难点。

1.教师在图形与几何教学中存在的主要问题之一是教具、学具使用欠缺。包括:一是教师为了节省教学时间,教学时忽略了学生的操作活动,只是让个别学生进行操作,其他学生观察,导致了学生学习上的局限性。二是教师的课堂教学设计缺乏创意,教学形式比较枯燥,激不起学生的学习兴趣,教师在利用多媒体教学时也存在欠缺和局限性。三是图形与几何内容在教材上展示的都是静态平面图,而实际上大多数的知识则是动态立体图,如果一些立体图形呈现不出来,一些动态过程的课件做不出来,将不利于学生的学习。

2.学生在图形与几何学习中存在的问题。小学生操作能力比较差,眼高手低的现象普遍存在;学生对知识的理解不够,只是死记硬背了公式,稍微变换题目就不会运用;学生缺乏图形想象能力和图形观念,即使在课堂教学中学生进行了操作,但没有将操作过程在头脑中形成表象,从而难以形成图形观念。

归纳学生出现这些问题的原因有:①学生生活体验有限;②学生图形识别能力有差异;③学生图形形象感知力有差异。

针对以上问题,研究者应从小学数学图形与几何的课堂教学创意与教学策略两个方面进行探索与研究,为一线教师在图形与几何教学中提供可借鉴的、充满新意的、有个性的、带有一定创造性的教学设计,使教师能构想教学过程,在教学方式上体现创新,教学内容上具有独特性,教学风格上体现个性化,重视学生的需求和感受,能激发学生主动学习和参与知识探索的能力,培养和发展学生的图形观念,帮助学生真正理解和掌握数学基础知识,训练数学基本技能,从而领悟数学基本思想和方法,积累数学基本活动经验。

二、教学策略初探

构成小学数学课程中的几何体系与构成数学科学体系的几何知识是有区别的。虽然,小学数学图形与几何内容知识点之间具有紧密的联系,但并不是一个严格的公理化体系,仅属于直观几何或实验几何的范畴。这些内容是建立在小学生的经验和活动基础之上的,小学生对几何图形的认识是通过操作、实验而获得的,即使简单的几何推理也以操作为基础。例如,平行四边形面积公式不是通过严密的逻辑推理,而是通过割补法的操作方式获得并被大家理解的。小学生的几何思维具有具体性和抽象性相结合的特点,所以,经验是儿童学习图形与几何的起点,操作是儿童构建空间表象的主要形式,为此,我们在教学过程中要采取与之相适应的策略。

(一)空间和平面的基本图形

对一些基本图形的认识无疑是图形与几何领域中的重要内容。在丰富的现实背景中通过观察、操作、比较、概括等体验常见图形的性质并运用它们解决实际问题;在观察物体、拼摆图形、设计图案等活动中建立空间观念;欣赏丰富多彩的图形世界并体会图形在现实世界中的广泛存在。

第一,经历从现实情境中抽象出图形的过程,采用从立体图形到平面图形的方式展开学习。由于在日常生活中学生最先接触的是各种各样的物体,如在孩子们玩的积木中有许多正方体、长方体、圆柱体;他们见到的楼房、砖头、纸盒、箱子、书等更是给他们长方体的形象;他们从小玩的皮球给了他们球的直观形象。因此,图形的学习是从认识立体图形开始的。

第二,精心设计观察物体等内容,更好地发展学生的空间观念。发展学生的空间观念是图形与几何课程的核心目标。整个小学阶段数学教材设计了"观察物体"的系列内容,从观察身边的物体入手,使学生认识到一个物体从不同的角度观察到的图形可能是不同的,这是从三维空间到二维平面的过渡。多种的观察角度和丰富的观察活动,为培养学生的空间感奠定了良好的基础。

第三,经历观察、操作、思考、想象、交流等活动,在活动中体验基本图形的基本性质。学生空间观念的发展、活动经验的积累、图形性质的体验等都是在数学实践活动中进行的。因此,教材设计了大量观察、操作、思考、想象、交流等活动,使学生在有挑战性的、充满想象和富含思考的过程中,体验图形的性质。

(二)图形的性质和分类

1.建立空间观念需要关注生活现实模型与数学模型间的联系。我们生活在一个模型的世界里,学生从小就开始接触各种生活模型,他们对于生活中物体的形状有一定的认识基础,这些丰富的生活现实模型是发展学生空间观念的宝贵资源。因此,在研究圆柱这一内容时应该先让学生观察生活中的大量现实模型(呈现的种类要丰富),再从现实模型中抽象出数学模型。

2.建立空间观念需要全方位、多角度地观察图形。全方位、多角度进行观察是促使学生建立和发展空间观念的主要途径之一。通过整体观察、不同的图形辨认、细致观察圆柱体特征、不同角度观察外形等活动,促使学生逐步建立圆柱体的表象,明确圆柱体的特征,从而促进学生空间观念的形成。

3.建立"空间观念"需要加强动手操作。空间观念的形成,只靠观察是不够的,教师还应该引导学生进行动手操作活动。如通过圆柱体侧面剪开前后的比较,测量圆柱体的高,画圆柱体的立体图,转动小棒体会圆柱体的形成过程,制作圆柱体模型等活动,调动视觉、触觉、听觉等多种感官,促进空间观念的形成和发展。

4.建立"空间观念"需要给学生思考的空间。在促使学生空间观念形成的过程中,要注意给学生思考的空间。例如,在讨论圆柱体分成两部分后截面的形状问题时,不要立刻就采用操作、验证的方法,先让学生想一想、猜一猜,然后动手试一试。让学生有充分的时间去体验,调整自己的认识,不断地超越自己,才能更好地建立空间观念。

第三节 小学数学图形测量的教学

一、教学中的常见问题

小学阶段图形的测量主要包括以下几部分内容:长度的测量,长度单位的认识与换算,角的度量,图形的周长、面积与体积,图形的面积单位,体积单位的认识与换算,实物的测量等。在图形的测量的教学中也存在着诸多的问题。

(一)长度测量的教学

长度测量的教学中典型的教学目标就是认识长度单位,会进行长度的简单计算,会求长方形、正方形和圆的周长。长度单位的认识常以抽象的方式呈现,很少让学生在真实情景中去感受。长度测量的教学模式大多是先给出标准的长度单位,然后以此为基础进行单位换算和周长计算,这很容易使教学的关注点集中于记忆长度单位以及单位换算和周长计算结果的正确与否上,从而导致学生对长度单位以及周长含义的理解存在一定程度的局限。例如,在做"一张床长2( ),一个文具盒长2( ),一本书厚2( )"之类的练习时,不能正确选用适当的长度单位。

(二)角的度量的教学

对于角的度量的教学,有的教师直接按照教材中所呈现画角的三个基本步骤(先画一条射线,使量角器的中心和射线的端点重合,零刻度线和射线重合;再在量角器相应刻度线的地方点一个点;最后以画出的射线端点为端点,通过刚画的点,现画一条射线)进行教学,并让学生按照步骤画角。然而学生并不明白为什么要这样画,只是进行机械记忆和操作,自然其画法也就不容易掌握。

(三)图形面积与体积的教学

在教学过程中,教师对于面积、体积公式推导并没有花大量的时间进行透彻讲解和说明,在学生还处于似懂非懂的状态时便让他们开始进行有关面积与体积的大量练习。在练习过程中学生只是机械地对公式加以记忆,并未理解面积和体积公式的实质,这也就导致在题型稍有变化后,学生丝毫没感觉出差别,依旧套用背下来的公式解题。

二、教学策略初探

(一)长度测量教学

1.创设真实情景进行长度测量的教学。长度单位对于学生而言是一个相对比较抽象的概念,要使学生对其有正确的了解就应通过创设真实有效的场景,让学生在情景中通过摸一摸、跳一跳、看一看等环节去进一步感知长度单位,并对其有直观的了解。同时,通过操作与体验,还能促进学生对测量过程的掌握,进而提高学生解决实际生活中测量问题的能力。

2.长度单位的教学顺序应顺应学生的认知。对于长度单位的教学顺序,目前的教学基本都是按照"直接比较——运用非标准长度单位测量——运用标准长度单位测量"的模式进行。但儿童的标准测量不一定要严格按照此模式进行,因为他们只需要用一把尺子就能进行正确测量,然而非标准的长度单位测量需要学生关注单位的大小、数量以及二者的关系等因素,这就远比用尺子测量复杂得多。因此,单位长度的教学,不是永远拘泥于一种模式,而应该考虑学生的认知水平,灵活选择教学顺序。但无论选择哪种教学顺序,教师都要让学生明白长度单位统一的原因和过程,让学生在更广阔的视角下认识长度单位统一的伟大价值。

(二)角的度量的教学

在角的度量的教学中,学生一定得按照步骤逐次进行深入透彻的学习。

第一,学会认识量角器。学生观察量角器,并与同学交流自己在量角器上有哪些发现,这样能够让学生对量角器的组成部分以及各部分的用途有一个深入的了解和感知。

第二,理解量角器内圈和外圈的用意并学会使用。首先,让学生明白如果量角器只有单向刻度,量不同朝向的角的大小会异常烦琐。其次,让学生自己探索内外圈使用的方法并进行全班交流,再予以引导和总结。

第三,学生尝试量角,自己先去探求量角的方法。让学生自己先尝试摸索量角的方法,最后教师引导总结量角的方法:中心对准角的顶点,零刻度线对准角的一条边,用另一边认刻度,并且要分清内外圈。

(三)面积与体积的教学

对于学生来说,面积与体积的概念相对比较抽象,因而要想使学生深入地了解,在教学过程中就要创设真实的生活情境,让学生在真实情境中去感知面、感知物体所占的空间,在感知中去比较,进而促进理解和掌握。

给学生探索的时间。对于这一相对抽象的概念的学习,教师不能仅仅是把知识传递给学生,而是应该提供真实情境,让学生在情境中去探索和交流,自己去感悟知识。例如,在教学物体的表面积时,不是直接告诉学生有几个面,把这些面加起来,而是给出物体,让学生分组摸索和讨论来得到物体的面数以及得出物体的表面积就是几个面的表面积的和的结论。只有让学生主动地参与到学习过程中,才能让学生对知识有更深入的了解,这样也就不需要死记硬背公式,而是可以灵活地运用。

第四节 小学数学图形的运动与位置的教学

一、教学中的常见问题

(一)图形的运动

平移、旋转和轴对称是最基本的三种图形变换方式。

平移是将一个图形沿着某一方向进行平行移动,平移过程中,各对应点平移方向和距离相同。旋转是一个图形绕着某一个定点旋转一定的角度。平移和旋转都不改变图形的形状和大小且各对应点之间的距离保持不变,这样的变换又叫保距变换。平移的要素有3个:基本图形、方向和距离。旋转的要素有4个:基本图形、旋转中心、方向和旋转角度。轴对称虽然保持变换前后图形的形状和大小不变,但变换前后对应点位置发生了变化。轴对称的要素有2个:基本图形和对称轴。这三种图形变化,都要关注其运动过程,也就是说要看这个图形是经过一个什么样的过程变换到另一个位置的。那么,教师就要让学生体会不同图形变化过程中的要素。当然要让学生充分体会不能仅仅是教师操作、学生观察,而是应该让学生自己去操作并思考,教师加以引导,在引导的过程中强调各要素的作用,让学生明白各要素的意图,也就能够让学生有较明确的认知结构,效果也就更好。

(二)运用坐标描述图形与位置和图形的运动

如何通过学习"确定图形位置"的方法,发展学生的空间观念和推理能力?

小学数学几何的推理主要是在图形的转化中得到发展的,而并不仅仅是符号的推理。在传统的小学几何教学中,人们往往只停留于静态地观察图形的阶段。目前,图形的变化成为重要的内容。如学习长方形、正方形和平行四边形以后,学生可以利用自制的由4根小木条钉成的长方形框架进行操作,把宽边慢慢往里移,成了正方形,再往里移又成了长方形,从而悟出正方形是长方形的特例。然后又把长方形的宽固定,用手拉住长方形木框的两对角,向相反方向拉动,无论怎么拉都是平行四边形,只有当对角是90°时,才是长方形,从而又得知长方形是平行四边形的特例,不同的地方在于角的大小。这样,正方形、长方形、平行四边形的逻辑关系就十分清楚地被学生掌握了。

但学生常常无法自发独立地完成上述几何推理过程。几何中的分类,也是一种重要的思维活动,例如,对生活中常见物体的几何形体进行分类。

二、教学策略初探

要从小学数学图形与几何教学中确定这一部分内容的总体教学策略,问题情境是教学切入点,以形成图形观念;学生经验是教学的基础,以发展图形观念;实践操作是重要形式,以培养图形观念;实际应用是良好的土壤,以运用图形观念。由于图形与几何部分新增设的内容中图形的运动和图形与位置这两个部分争议和困惑较多,现分别以这两个部分为例对几何教学的策略进行探究说明。

(一)图形的平移、旋转、轴对称、相似和投影

小学阶段图形与变换的教学目标是积累感性认识,形成初步表象,学生能识别、会画图。教师应该准确把握各个学段的不同要求,准确把握各个学段的教学重点,从学生的实际情况出发,把教学目标定在学生的最近发展区

内,关注全体学生的发展。

第一,从数学知识出发,根据学生的年龄特点、生活经验和已有知识,制定便于学生操作的教学策略。《义务教育数学课程标准》指出:数学教学活动必须建立在学生的认知发展水平和已有的知识经验基础之上。因而教师教学时要从学生已有生活经验和已有知识出发,并把它们当作一种学习资源,帮助学生找到新旧知识的"生长点"。教师应从生活中的典型实例入手,借助具体的生活现象来唤醒学生的经验,让学生感知生活中的对称、平移、旋转现象,使这些现象成为学生学习图形变换的感性认识。

第二,引导学生学会观察和回归生活的教学策略。学生初步观察与学习了图形的变换后,可指导学生通过观察寻找生活中的对称、平移、旋转的实例,抽象并概括出平移、旋转、对称的特点。这样不仅能使学生从图形变换的角度和用数学的眼光去观察生活,而且有助于学生去了解图形之间的联系,从中发展他们的图形观念,感受数学与现实世界的联系。

第三,引导学生实际操作,形成初步表象的教学策略。小学生眼高手低的现象普遍存在,教师教学时应加强实际操作。难度大的操作可由教师先示范再让学生实际操作,如移一移、用剪刀剪纸和折纸、转一转、拼一拼等。

第四,指导学生画图,渗透数形结合思想的教学策略。数形结合思想是学习数学的一种重要方法,数形结合思想在解题中具有直观性、形象性、简洁性的特点,有利于将学科知识转化为能力,有利于提高学生灵活运用数形结合思想解决问题的能力。教师应先讲清在方格纸上画对称图形、平移图形、旋转图形的具体方法,再让学生去画图,并对学生提出规范画图的要求。

(二)运用坐标描述图形与位置和图形的运动

设计图形与位置的教学策略,教师要明确图形与位置教学的两条基本线索。一条线索是用类似第几排第几个的方式,确定具体情境中一些物体的位置,然后逐步发展到用数对来确定位置;另一条线索是学习用方位词或方向词描绘物体的相对位置或方向,然后结合比例尺来绘制并描述简单的路线图。现以"位置与方向"一课的教学为例谈谈图形与位置教学的策略。

第一，创设教学情境，让学生判定并准确找到物体或图形位置的教学策略。一年级教学"位置与方向"时，对于学生来说，东、南、西、北等方位概念的理解比较困难，掌握起来是比较抽象的，因为学生缺乏大量的感性支柱和丰富的表象积累。教学时可以创设如下教学情境：教师创编儿歌"早晨起来，面向太阳，前面是东，后面是西，左面是北，右面是南"，从而引出新知识的学习，然后结合学生学过的数学知识，让他们面对东方，告诉学生他们背对的方向是西，再让学生伸开两臂，左手指的方向是北，右手指的方向是南。

第二，从学生已有的知识基础和生活经验出发，让学生在具体生活场景中理解确定物体位置的教学策略。一年级下册第一单元"上下、前后、左右"的教学，可以用学生的学习用品作为辅助工具，使学生在生活场景中进一步体会"上下、前后、左右"的位置关系；也可以让学生看看桌面上有哪些学具，让学生利用所学的"上、下、前、后、左、右"知识来整理，并把它摆在合适的位置，摆完后能用自己的语言（含有上、下、前、后、左、右）来表达。

第三，引导学生从现实生活回归到数学实际问题中的教学策略。引导学生由实际生活动态场景的表象，向数学教材平面图过渡。在教学"东南西北"一课时，学生通过学习，有了一定的辨别方向的知识经验，这时教师可引导学生明白：只要我们留心观察，会发现生活中处处充满了数学知识。这时教师向学生提问：如果你在野外，你还有其他辨别方向的方法吗？先让学生小组讨论与交流，然后汇报。最后教师让学生观察实物教具，告诉他们树叶稠密的一面是南面，树叶稀疏的一面是北面；或出示木桩教具让学生看年轮，他们发现年轮密集的一面是北面。学生对南北的方向有了清楚的认识后，教师可指导学生从现实生活回归到数学，与绘制校园平面图结合起来，让学生根据已经获得的方位知识和已经形成的表象来绘制校园平面图，实现生活情景向平面图转化。

总之，小学数学图形与几何教学创意和教学策略的探索和研究能够更好地服务于课堂教学，发展学生的图形观念，激发学生的学习热情，进而提高学生图形与几何学习的效率。

第五节 小学数学图形与几何的教学策略与实践

一、创设良好的学习情境

良好的学习情境可以为学生提供学习的基础和氛围,同时也能激发学生学习的积极性和主动性,帮助他们更好地掌握知识。因此,小学数学教师要根据教学内容创设相应的学习情境,从而不断激发学生的学习兴趣和探索欲望,帮助他们积极主动地投入到学习中来。比如,在"圆的面积"这一知识教学中,教师可以设置"大球滚小球""小球滚大球"等情境来吸引学生的注意力,帮助他们更好地掌握相关知识。

二、重视学生的实践操作

小学数学教师要重视学生的实践操作,通过实践操作让学生对图形与几何知识有更深入的了解,从而更好地掌握知识。在教学中,教师可以利用多媒体课件创设各种情境,如在学习《平行四边形》这一单元内容时,教师可以利用课件向学生展示许多生活中常见的平行四边形,然后让学生利用手中的直尺和纸剪出各种形状的平行四边形,让学生在动手操作中掌握平行四边形的特征。这样做不仅可以培养学生动手实践能力和探究意识,还能够让学生更好地掌握有关平行四边形的知识。此外,教师还可以利用多媒体课件播放一些立体图形,让学生对立体图形有更直观的认识。

三、进行开放式的教学

在数学教学中,教师要充分发挥学生的主观能动性,激发学生的学习兴趣,促进学生主动参与到教学中来。小学数学教师要将"开放"的教学理念贯穿在整个教学过程中,对各种教学资源进行整合,利用多媒体等现代化的教学设备将图形与几何知识通过各种形式呈现给学生,通过开放式的课堂激发学生的学习兴趣,让学生主动参与到学习中来。例如,在教学"圆的周长"时,教师可以将教材中关于圆面积计算和周长计算的内容制作成课件进行播放,让学生对圆面积计算和周长计算有一个直观的认识,并且通过多媒体课件还可以让学生看到各种圆形。

四、注重数学语言与生活语言的结合

数学语言和生活语言是数学教学中的两大要素,教师在教学过程中要注重数学语言与生活语言的结合,将生活经验引入到数学教学中,帮助学生更好地理解和掌握数学知识,提升学生对图形与几何知识的理解能力和应用能力。

五、创新教学方式

小学数学图形与几何教学中,教师要创新教学方式,丰富教学方法,在掌握教学规律的基础上,结合学生实际情况和认知特点,帮助学生建立完整的知识体系。在新课程改革不断深入发展的背景下,教师要从多个方面入手,积极转变教学观念,创新教学模式,引入先进的教学手段,不断提升教师自身素质水平和专业能力。只有这样才能真正提高小学数学图形与几何知识教学质量和效率,实现小学数学课程体系建设目标。

第六章 小学数学统计与概率的教学

第一节 小学数学统计与概率的教学概述

一、统计与概率的教学意义

小学阶段,统计与概率的内容主要包括:数据统计活动初步、不确定现象、简单数据统计过程、可能性等。它的主要目的是培养学生能以随机观点来理解现实世界的能力,初步掌握数据收集、整理、描述和分析的方法,逐步形成统计的观念。

(一)有利于学生统计观念的形成

学习一些有关数据的收集和整理的知识,并对统计结果进行描述和分析,有利于学生体会数据在信息社会中的作用,促进学生逐步形成统计观念,并掌握一定的统计方法。统计观念的形成和统计知识的掌握,又能切实提高学生收集、整理和分析信息的能力,以适应信息社会对学生的要求。

(二)有利于提高学生解决问题的能力

统计与概率的内容与日常生活紧密相连,因而学习这一内容的实质就是学习解决生活中的实际问题。问题的解决还需要综合其他知识,解决问题的过程不仅可以培养学生灵活运用知识的能力,还可以增强学生的数学应用意识和运用所学知识解决实际问题的能力。

二、统计与概率的内容标准与教学要求

每个学段对于统计与概率的教学内容与要求的侧重点不一样,但是第一学段的学习必须为第二学段做铺垫,第二学段的学习建立在第一学段的基础之上,不可孤立地看待二者的关系。

(一)第一学段统计与概率的内容标准与教学要求

能根据给定的标准或者自己选定的标准,对事物或数据进行分类,感受分类与分类标准的关系。

经历简单的数据收集和整理过程,了解调查、测量等收集数据的简单方法,并能用自己的方式(文字、图画、表格等)呈现整理数据的结果。

通过对数据的简单分析,体会运用数据进行表达与交流的作用,感受数据蕴含的信息。

本学段统计与概率的难度比之前有所下降。学生只需要能够对数据进行简单的整理和分类,以自己的方式呈现结果并与同伴交流。因而教师不需要对学生有过高要求,只要他们能以自己的方式表达清楚数据本身所传递的信息就可以了。

(二)第二学段统计与概率的内容标准与教学要求

1.简单数据统计过程。其主要包括:①经历简单地收集、整理、描述和分析数据的过程(可使用计算器);②会根据实际问题运用简单的调查表,能选择适当的方法(如调查、试验、测量)收集数据;③认识条形统计图、扇形统计图、折线统计图;能用条形统计图、折线统计图直观且有效地表示数据;④体会平均数的作用,能计算平均数,能用自己的语言解释其实际意义;⑤能从报纸杂志、电视等媒体中,有意识地获得一些数据信息,并能读懂简单的统计图表;⑥能解释统计结果,根据结果做出简单的判断和预测,并能进行交流。

本学段的简单数据统计过程的教学内容主要有:经历数据处理的全过程;通过实例,进一步认识统计图表以及选择合适的统计图表有效地表示数

据;理解不同统计量的基本特征;能从生活中有意识地获得数据信息并能做一些简单的判断和预测。

2.随机现象发生的可能性。其主要包括:①在具体情境中,通过实例感受简单的随机现象;能列出简单的随机现象中所有可能发生的结果;②通过试验、游戏等活动,感受随机现象结果发生的可能性是有大小的,能对一些简单的随机现象发生的可能性大小做出定性描述,并能进行交流。

本学段的学习主要是让学生能对一些简单事件发生的可能性大小做出刻画,即能用自己的语言描述简单的随机现象中可能发生的结果,以及对发生的可能性大小做出描述。

第二节 小学数学统计的教学

一、教学中的常见问题

随着新一轮课程改革的推进,统计教学的任务不仅仅是教会学生统计的方法,还要培养学生统计的观念,让他们在生活中自觉养成统计的意识,培养他们统计的能力。在查阅现有的研究文献、分析课堂教学的基础上,我们发现教师们在把课程标准落实到实际的统计教学活动中时仍存在着诸多问题。

(一)对教学目标的定位不够准确

学生能够选择恰当的统计方式处理和分析数据以及了解统计的全过程,应当成为统计初步的知识教学所追求的目标。统计教学的核心目标是发展学生的数据分析观念,可部分教师对教学目标的取向窄化,对目标的把握还不明确,仅仅以获得统计的结果为目标,忽视学生信息搜集、数据处理的过程经历,不关注学生参与数据调查的体验和依据数据做出决策的科学精神的培养。这样对教学目标的不恰当把握,不利于学生统计概率的深层学习。

平均数在小学教材的"数与代数"部分中是以应用题数量关系教学来进

行内容呈现的。透过上面平均数的教学片段,可以看出教师在课堂上落实的仍是平均数是什么以及怎样计算的教学内容,还是更多地将算术平均数作为算法,而不是从一种统计学的角度,从统计的集中趋势的思路引进和理解这个概念。教师的情境创设没有触及所研究问题的数学本质,学生对"平均数"或"一般水平"这个统计量概念缺乏认识过程的体验与理解,这对今后"众数""中位数"等概念的认识也会产生影响。这样教学的结果是学生或许并非缺乏程序性知识,他们的计算方法也显得"很数学",但在表征数学关系上没有自己的构建,缺乏对算法的概念性理解。教师以"计算取向"代替了"概念取向",忽视了学生平均数概念的获得过程及其作为小学阶段学生常用的一个统计量的丰富内涵。

(二)教学活动设计针对性与衔接性不强

数学教学要注重知识结构的"生长点"与"延伸点",把每堂课教学的知识点置于整个知识体系中。在观察课例的过程中,我们发现孤立地看一节课的设计,开放而精心,但对照两个年段间同一知识体系的教学设计,学生的知识基础及已有的统计的思想方法没有体现出不同年段要求的递进,课的过程设计同出一辙,并没有具体、针对性地调整与衔接。教师应当将知识点置于整个学段甚至整个数学知识体系中进行审视和设计,跳出某一册教材的局限,在不同年段间通过组织有梯度的统计活动来培养学生的统计意识与素养。

(三)教学活动组织的表面化

一个完整的统计过程包括收集、整理、分析数据并做出决策。学生只有经历了统计活动的全过程,才能真正体会到统计的意义和价值。很多教师教学这部分内容时,已经关注到学生经历统计活动的必要性,但教学过程中多见到学生在自己精心设计的环节中参与统计活动时,一个点一个点地与教师呼应,不能独立地、整体地思考问题,这样的教学无法培养学生全面分析、深入思考问题的能力与素养。同时统计活动脱离现实生活,缺乏真实感,不能激发学生内在的统计需求。

（四）教学活动评价的偏离

教学评价是教学活动中必不可少的环节。课堂上教师组织学生开展统计活动时往往是结合了情境的，但多是将其作为引子导入后就抛之一边，情境便成为老师的"道具"，是"假问题"。这样的结果一方面是学生没有真正进入问题的解决过程中，无法形成良好的统计观念；另一方面教师在学生得出数据或画出图表后，也就没有解释的原动力，评价的实效性会大大降低。这就要求教师在教学活动的最后环节结合设计活动的目标做出针对性评价，使评价真正达到检验目标实现、促进学生学习的效果。

二、教学策略初探

按新的课程标准要求，小学阶段的学生学习统计知识，从数学活动看，主要应经历如下一些学习过程：初步体验数据的统计活动；解读和制作简单的统计图表；在活动中获得对一些简单的统计量（如平均数、众数、中数等）的意义理解等。在这些内容的教学组织中，一般来说，有如下一些策略可以重点给予关注。

（一）注重学生的生活经验

内容的组织与呈现要充分考虑到学生已有的日常经验与他们的现实生活，使学生在现实的和经验的活动中获得初步的体验。例如，分类、排列和比较是统计的基础活动，但对初步接触数学学习的学生来说，他们参与这类活动接触到的对象不宜是那些抽象的数据，而应是一些具有现实意义的实物。因此，在组织教学的时候，教师应较多地考虑怎样选择合适的情境，能更好地使学生投入到分类、排列和比较等这样的数学活动中。一些比较有效的做法是，向学生呈现一堆杂乱的物品，让他们去尝试进行分类。在分类活动的过程中，他们逐渐学会了如何将这些物品按一定的规则标准进行排列，并逐渐理解了按不同的规则标准就会有不同的分类结果，为今后对数据整理与分析的学习打下基础。

再如,在统计中,描述数据集中趋势特征的一个重要概念是"平均数",如何来组织这个内容的学习从而帮助学生理解它的意义就显得非常重要。一些比较好的方式是,向学生呈现诸如"小明身高是1.4米,他还不会游泳。那么,他到一个平均水深1.2米的游泳池中,会不会有生命危险?""小强所在的班级平均身高是1.5米,而小明所在的班级平均身高是1.4米。能不能判断小强和小明谁更高些?"等具有现实意义的实际问题,让学生通过多次辨识来真正理解平均数的意义。

(二)强化数学活动

课程所组织的教学要有利于学生的动手操作,使他们在经历一个数学活动的过程中去体验和理解知识的内在意义。因此在教学组织的过程中,不要将一些统计的学习简单地当作对那些表示概念的词汇的识记,或者将它简单地当作一种程序性的技能来反复操练,而要尽可能地用一些活动来增加学生在学习过程中的体验。

例如,统计图表的制作不仅是一个简单的技能问题,更是一个在制作过程中如何体验和理解统计图表意义的问题,即不是一个简单的数据堆砌的过程,而是一个对数据理解的过程。当向学生呈现"调查一下自己出生时到6个月后,每个月体重变化的情况"这样一个问题时,对学生来说,重要的不是如何获得数据而是如何处理这些数据。

然而,这些数据被罗列后,只是反映一般事实,还不能反映出某种具有规律性的趋势。于是,学生可能就会进一步尝试将这些数据用条形统计图的方式呈现出来。可是,这样的图虽然直观地反映了自己在不同月份体重的不同数值,但还是不能反映某种变化的规律性趋势。因而,学生可能就会再进行尝试,将这些数据用另外一种方式呈现出来。就这样通过不断地尝试,在一定的时间段内,自己体重的变化情况被用更合适的方式呈现了出来(折线统计图)。这是因为折线统计图能够明显反映出从出生到1个月,以及从5个月到6个月,是体重增长最快的两个时段。

(三)将知识运用于现实情境

学生对统计知识的学习,重点并不是能记住几个概念,能计算几道习题,能制作几个统计图表,关键是要能学会一些初步的和简单的统计方法和统计思想,能将知识运用于现实情境。因为,一些普通的数学规则(知识)和特殊情境是有区别的,通常在特殊的情境中并不明确显示那些数学的规则性的成分。所以,在现实情境中发展学生的数学素养是一个重要的途径。学生可以在这些问题解决的过程中,有效地获取知识和技能,增进理解;运用数学知识发现和解决一系列现实生活问题;处理其他领域或其他学科提出的问题;对数学内部的规律和原理进行探索研究等。

例如,学生应当了解收集与分析信息的价值,懂得如何去收集信息,如何去解读这些信息,是这部分内容学习的一项任务。因此,可以设计一些实地调查的任务,譬如调查每天上午7点半到8点这30分钟内,经过学校门口的机动车辆的情况。学生就需要分析,为什么要选择早上的这段时间去调查?如何将这些机动车辆进行分类更能说明问题? 要调查多少天才比较合理? 得到的数据应如何来整理? 从这些调查获得的数据中,可以获得什么样的解释? 总之,统计知识的教学重要的并不是一个知识点的讲授,也不是一种技能的训练,而是一种意识、一种思想的滋润。陈希孺先生说:"统计规律的教育意义是看问题不可绝对化。习惯于从统计规律看问题的人在思想上不会偏执一端。"

第三节 小学数学概率的教学

一、教学中的常见问题

"随机""可能""不一定"等词汇,随着新课程悄然进入小学校园,这标志着我们的学生从小学就将进入"随机"世界。在原有的数学教学体系中,要到高二年级才进行概率教学。在中学,概率是作为排列组合的实际应用来进行编排的,重点是学习概率的基本定义与计算公式。当然,小学阶段的概率与中学阶段的概率相比,无论是内容体系、学习方式,还是教学目标等均有着质的区别。因此,必须审视概率在学校教学中的地位与作用,并提出切合小学生实际的教学策略。

(一)学生已有的错误观念对概率学习的影响

经过对大量课堂教学的观察,我们发现学生对概率的学习效果不佳的原因之一就是在学生日常生活中已经形成的部分错误观念。以下是在概率学习中老师与学生的对话。

对话1:(两学生用"石头、剪刀、布"的游戏方式决定输赢)

老师:为什么你一定会赢他?

学生:因为我有信心。

对话2:(盒里有4个红球,分别编号为1,2,3,4;还有1个白球,编号为5。在前面的实验中,已经摸到2次3号球,1次1号球,1次5号球。教师摸出一球,让学生猜他手里是几号球)

学生1:是2号球,因为刚才没摸到。

学生2:是3号球,因为刚才摸到2次3号球。

对话3:(学生连续两次摸球,每次摸完之后又将球放回盒中,盒中有黄球也有白球)

学生：我想这次摸到黄球,下次一定摸到白球。

从以上对话中可以得知,在概率学习过程中学生在日常生活中已经形成的观念会对概率学习产生很大的影响。从对话 1 可以看出学生认为"因为我有信心,所以我一定赢",不承认有偶然性的存在;对话 2 中学生是怀有一种随意猜测的心理,对概率事件没有初步的认识;对话 3 中的学生认为,事件一定是必然的。类似的案例在实际教学中还有很多。我们知道,学生的错误观念会阻碍其对新知识的学习与掌握,但是学生将已有观念带入课堂学习中是不可避免的,因此在教学中如何利用学生的已有观念以及如何转变学生的错误观念,是在实际教学过程中必须重视的问题。

(二)缺乏学生的积极参与与老师灵活的指导

在大部分的概率教学中,学生缺乏活动参与性。首先,在课程教学中老师会让部分同学参与到"摸球"或者"转盘"游戏中,但是往往因为时间关系大部分的学生是无法参与活动的。其次,学生参与的环节仅仅只是游戏活动,往往结论与观点都是老师直接呈现的,对此老师并没有进行灵活的指导。在整个过程中几乎没有老师指导学生去思考发现问题的环节,大部分都是老师呈现了结论后马上进入下一个环节。对于学生的问题和质疑,部分教师不能进行适切的指导。

二、策略初探

按《义务教育数学课程标准》的要求,小学阶段的学生学习概率知识,主要应经历如下一些学习过程:体会随机现象,并能对随机现象发生的可能性大小做定性描述;明确指出所涉及的随机现象都基于简单随机事件,所有可能发生的结果是有限的,每个结果发生的可能性是相同的,知道事件发生的可能性有大小,并能体验事件发生的可能性和游戏规则的公平性。在这些学习内容的教学中,一般来看,有如下一些策略可以重点予以关注。

(一)活动的体验性

学生对现实世界的不确定现象是通过大量符合日常生活经验的和有趣的活动来获得体验的。在开始学习这部分内容前,日常生活经验已经支持了学生对一些诸如"肯定""经常""偶尔""不可能"等词汇的理解与运用,一个比较好的教学组织策略就是设计一些有趣的日常生活情境,让学生通过活动去进一步体验这些不确定事件的存在以及这些事件发生的可能性的大小。

例如,组织一些让学生去尝试判断事件发生的可能性的活动,诸如"下周一本地气温下降""小明外语朗诵成绩全班第一""从装满红球的袋子里摸出的都是红颜色的球""天阴沉沉的,马上要下雨了""小明有自己的父母"等来让学生体验有些事件的发生是确定的,而有些事件的发生是不确定的。需要指出的是,在组织这类活动的时候,要注意儿童的经验和已有的知识基础在事件判断时起到了多大的作用,因此,像对"水加热到100℃时就会沸腾"的判断,一个低年级的学生可能就缺乏经验与知识的支持。

(二)游戏的引导性

大量的实践表明,利用游戏来引导学生体验事件发生的可能性以及等可能性是一个非常有效的策略。喜欢游戏是小学生的天性,很多时候,小学生是在游戏中体验与建构数学知识的。因为游戏不仅能激发他们的思维,还能促进他们策略性知识的形成。

例如,设计一个"摸豆"游戏:预先在布袋中放入有色小豆(如3红7蓝),让两组学生来做这种摸豆的游戏。每组在地上画一条长10米的线,等分成10格,上面分别标上1到10。每组分别让一个学生站在格子"5"里面。规则是两个组的参赛学生依次去摸一粒豆,并猜豆子的颜色,猜对的,所在组的那个学生就朝数字大的方向走一格,猜错的,所在组的那个学生就朝数字小的方向走一格,看哪一组先走到10。此外,让每一个组将每一次摸的颜色记录下来,到游戏结束后,再让各组猜袋子里各色豆子的数目,猜对的再进行奖励。这是概率和数据相结合的游戏,它秉持课改的精神,让学生体验和了解

"可能事件""必然事件""机遇"等概念。

(三)方案的尝试设计

所谓方案设计,实际上就是将知识运用于现实情境的一种策略。小学生可以通过这种将知识运用于现实情境的活动,体验知识的内在含义,并进一步体验知识对现实生活的价值。例如,运动鞋厂在元旦的时候想进行一次产品促销活动,他们设想,每一位顾客在购鞋时,每购得一双鞋,都可以参加一次摸彩。考虑到产品的成本以及销售的利润,该运动鞋厂希望顾客在每10次摸彩中,最多只能有3个人中奖。请你为他们设计一个方案(包括摸彩的用具和方法,如相同质地但颜色不同的小纸卡,每种用具的个数,转盘等)。

第四节 小学数学统计与概率的教学策略与实践

一、加强统计与概率教学的趣味性,提高学生学习兴趣

小学生处于一个活泼好动的阶段,教师要想提高学生对统计与概率的学习兴趣,就必须要让他们对这一部分内容感兴趣。因此,教师在教学过程中,可以采用一些有趣味性的教学方式,让学生能够在轻松愉快的氛围中学习统计与概率这一部分内容,从而提高他们对这部分内容的学习兴趣。

二、加强对数据的观察,培养学生的观察力和思考能力

在统计与概率的教学中,教师可以通过让学生对数据进行观察来培养其观察力和思考能力。学生在对数据进行观察时,教师要让他们用自己的眼睛去观察,然后用自己的大脑去思考。只有通过这样的方式,才能使他们的观察力和思考能力得到有效的培养,从而提高他们对这一部分内容的学习兴趣。

三、通过游戏教学，增强学生对统计与概率的理解

小学阶段的学生大多都比较喜欢游戏，而数学则是一门充满乐趣的学科，教师可以利用游戏的方式来提高学生对数学知识的学习兴趣。例如，在教学"图形与几何"这一部分内容时，教师可以让学生通过画几何图形、做几何图形等方式来巩固知识，这样不仅能有效地提高学生对这部分知识的记忆效果，还能提高学生的学习能力。

四、加强生活实践，提高学生解决实际问题的能力

在教学过程中，教师可以联系生活实际，开展数学活动，让学生在生活实践中提高解决实际问题的能力。在教学过程中，教师可以让学生分组进行调查和收集相关数据，然后进行整理和分析。例如，教师可以让学生去收集关于天气的相关数据，包括温度、湿度等；还可以让学生去调查一下家里的用电情况；还可以让学生去了解一下附近超市的营业额；还可以让学生去了解一下学校的各项活动以及老师的讲课内容等。通过这些活动，学生不仅能体会到数学知识与实际生活的联系，还能提高他们解决实际问题的能力。此外，教师还要注意对学生进行培养和指导，为他们提供更多的实践机会。

五、总结

在小学数学教学中，统计与概率的学习是十分重要的，不仅能够培养学生的数学思维能力，还能提高其学习兴趣。因此，教师在开展这一部分教学的时候，要充分结合学生的年龄特点和学习基础，并采用多媒体教学、游戏教学、生活实践等多种方式来帮助学生理解统计与概率知识。此外，教师还要注重培养学生的数据意识和统计观念，让他们能够在生活中合理地运用数学知识，提高自身的综合素质和实践能力。

第七章 小学数学综合与实践的教学

第一节 小学数学综合与实践的教学概述

一、综合与实践的教学意义

根据《义务教育数学课程标准》的总目标和要求,在综合与实践部分,教师主要是帮助学生积累数学活动的经验,培养学生的应用意识和创新意识。在教学中教师应该努力创设情境,使之与学生所学的知识和生活经验融合,鼓励学生独立思考、合作交流、自主设计解决问题的思路,使学生经历发现问题、提出问题、分析问题、解决问题的全部过程,感悟数学与生活实际、数学与其他学科、数学各部分内容之间的联系,加深对所学数学内容的理解。

(一)深刻感受数学与生活的实际联系

学生数学学习的基础是生活经验,综合与实践应用的素材应取之于生活实际,让学生体会数学与生活的联系,运用数学知识解决现实生活问题,形成数学应用意识。

(二)学会学习方式的多样化

综合与实践应用可以采取操作实验、自主探索、大胆猜测、合作交流、课题研究等多种学习方式。只有实现数学学习方式的多样化,学生才能真正成为学习活动的主人。

(三)促进学生实践、创新能力的发展

综合与实践就是让学生在自主探索、实践的过程中不断思考,努力创新,促进自身更全面地发展。

二、综合与实践课程内容及分析

《义务教育数学课程标准》在第一学段关于综合与实践设计了3条内容:①通过实践活动,感受数学在日常生活中的作用,体验运用所学的知识和方法解决简单问题的过程,获得初步的数学活动经验;②在实践活动中,了解要解决的问题和解决问题的方法;③经历实践操作的过程,进一步理解所学的内容。

《义务教育数学课程标准》在第二学段关于综合与实践设计了4条内容:①经历有目的、有设计、有步骤、有合作的实践活动;②结合实际情况,体验发现和提出问题、分析和解决问题的过程;③在给定目标下,感受针对具体问题提出设计思路、制定简单的方案解决问题的过程;④通过应用和反思,进一步理解所用的知识和方法,了解所学知识之间的联系,获得数学活动经验。

针对小学阶段的综合与实践的课程内容,教学时还需注意以下问题。

(一)关注数学知识的综合运用

当学生学习了一些知识,掌握了一些技能后,可以设置综合性强一点的数学问题。当学生积累了一些数学学习经验之后,可以水到渠成地通过综合运用知识来提升对概念的理解和对技能的掌握。例如,在学习了图形的变换知识之后,让学生综合运用平移、旋转、对称的知识设计图形;在学习了100以内数的认识之后,通过让学生在数位顺序表里摆珠子的数学学习活动理解数位、理解位置。如3个珠子摆在仅有个位和十位的数位顺序表里,可以表示什么数? 在摆珠子的过程中,学生感悟珠子个数与摆出的数之间的关系。学生在摆的过程中发现规律,放在高位的珠子越多,所摆出的数越大,每有一个珠子从十位移到个位,所表示的数就会减9等。在此过程中通过珠子表达

出的"语言"加深学生对100以内数的认识,感受位值制思想,体会数的多种表达方式,使学生在活动中深入理解概念,提升数学思想,发现数学规律。

(二)关注方法的综合运用

学生通过数学活动可以获得学习方法,综合运用方法,对方法有更好的把握。

《义务教育数学课程标准》中有关图形分类的问题,给学生的任务是准确分类。学生在分类的过程中感悟到分类是要有标准的,只能按照一定标准分类,有多个标准时可以按多种方法分类。例如:方法一,按扣子的颜色分;方法二,按扣子的形状分;方法三,按扣子上扣眼的数量分。在分类过程中,培养学生把握图形的特征、抽象出多个图形的共性的能力以及整理数据的能力。

(三)关注取自生活实践的真实问题

教学综合与实践内容时要取自学生个人成长、家庭生活、学校生活、社会生活等贴近学生或者学生所熟悉的现象,学生对这些现象肯定感兴趣,而且意识到身边到处有数学,用学过的数学知识可以解决真实问题。

1.个人成长。学生个人成长过程中,有很多问题可以用数学知识和方法来进行分析。如学生的身高,学生就需要运用恰当的工具进行测量,还可将几年的身高数据做统计进行分析,这样的例子很多。

2.家庭生活。一个家庭中如何节约用水、节约用电问题,每天丢弃的塑料袋的统计问题,等等,这些都与数学有关,都需要用学过的数学知识去分析解决,对节能环保有重要的现实意义。

3.学校生活。学校生活中的数学问题随处可见,办学习园地、办数学手抄报、课间学生跳绳统计、评选班干部、"六一儿童节"布置教室、田径场跑道的计算、足球场的面积等,这些问题都可以综合运用所学数学知识解决。

4.社会生活。社会生活中能用学过的数学知识和方法解决的问题太多了,如城市交叉路口红绿灯时间长短的设置,珠穆朗玛峰有多高?你所在城市最高建筑物有多高?长城有多长?你所在地区的绿化面积有多少?

第二节 小学数学实践的教学

一、教学中的常见问题

实践活动是将学生的现实生活、数学知识和其他学科知识联系起来所构成的一个综合的活动整体。我们应从大课程观的角度去审视数学实践活动,数学学科知识(包括数与代数、图形与几何、统计与概率)为实践活动的学习提供了知识基础,学生的现实生活为实践活动提供了真实背景和方法策略基础,其他学科知识的渗透又丰富和完善了学生获取知识的完整性。实践活动的学习借助于研究与反思这一载体,又反作用于其他领域的知识,在这样一个循环往复的实践过程中学生的数学素养得到了有效的培养和提高。小学第一学段主要以实践活动为主,实践活动比较简单,容易发现和提出问题,计算少,概念少,操作也简单,但实践活动仍然非常强调数学与生活和数学与现实世界的紧密联系。由于数学学习是一种抽象的学习过程,因而数学实践应该贯穿于整个数学学习过程中,只有这样学生才能有兴趣,才会积极地去学习,并接受这种抽象的数与形。

在当前的小学数学实践活动课程中,虽然教师们按照课改要求已经转变了传统的教学理念和方式,但实际上,综合实践课的现状仍然不容乐观。活动形式多种多样的实践课,看似百花齐放,但大多华而不实,流于形式。虽然活动气氛热闹非凡,但热闹过后,学生真正学到了什么?这些所谓的"愉快、开放"式的课堂呈现的只是一堂堂无效的游戏课。具体问题有如下几个方面。

(一)教学目标重关注轻落实

在数学实践课上,教师通常只注重提出本堂课的教学目标,而忽视了教学目标的落实。

如有老师在"认识0"的实践课中,教学目标提到"体会0在日常生活中的运用,初步培养学生用数学的眼光观察事物的意识"。可是,老师在教学时对这一目标的落实只提出一个问题:你在哪儿见到过"0"? 针对老师的问题,两三个学生谈了自己在哪儿见到过"0",仅此而已。

从以上案例中可以看出,教师在课堂上仅仅询问学生哪里见过"0",然后再由学生简单回答,从而简单地认为落实了教学目标,但实质上学生并没有体会到"0"在日常生活中的运用,学生用数学的眼光观察事物的意识也没有得到培养。真正要落实目标,建议将教材中有关"0"的内容呈现出来,让学生先观察,说说哪里有"0",再进一步让学生回想在生活中哪些地方也看到过"0",然后让学生进行交流,课后再让学生到生活中去寻找还有哪些地方有"0",这样不断实践和巩固,才能有效落实教学目标。

(二)活动重形式轻教学本质

有些教师对数学实践活动课程的价值和观念等方面没理解到位,认知上存在局限性,认为只要在课堂上开展活动,让学生动起来,就能完成教学目标。实际上这样设计的课堂,除了让学生能够体会课堂活动的乐趣以外,学生得不到任何数学知识上的收获。

例如,有的教师在教学"分一分与除法"的活动课时,整个过程设计了4个游戏活动。

游戏活动一:分糖果。每一组12颗糖果,想平均分成几份,在小组内交流分法。

游戏活动二:编故事。用20,4,5三个数,每人编一个数学故事,各小组选一名代表讲故事。

游戏活动三:设计队形。24只小鸭参加体操比赛如何排队? 学生画出设计方案。

游戏活动四:玩纸牌。随便抽一张牌,看是几,能否平均分,能提出几种分法就记几分。同桌两人轮流两次,累加分数,得分高的人获胜。

从游戏活动一到游戏活动四,学生交流中没有出现一个除法算式,也未见教师在黑板上板书一个除法算式。

从表面上看,教师精心设计了4个游戏活动,极大地调动了课堂气氛,但整堂课中,不难发现,学生都沉浸在完成游戏任务中,每个游戏活动结束时,教师也没有进行适时的引导和总结,因而在4个活动中,学生在交流时没有出现一个除法算式。显而易见,教师在这堂活动课中,只是仅仅对设计活动本身下了功夫,而忽略了游戏的本质是要提出数学问题,所以通过整堂课的学习学生也就没有对数学问题有深入的认识。

(三)活动内容按部就班,忽视结合学生生活与经验背景进行活动设计

教师在进行活动设计时,往往过分依赖教材中的内容,按部就班地带领学生进行活动实践,缺少了对小学生现实生活的关注,因此很难提高学生的活动和学习兴趣。

二、教学策略初探

一个实践活动的完成,不仅是对某个知识或某些知识的运用,还需要学生综合地运用所学的知识加深对相关问题的理解。小学低段综合与实践应用主要是以实践活动的形式呈现的。学生通过这些实践活动,初步获得一些数学活动经验,了解数学在日常生活中的简单应用,初步学会与他人合作交流,获得积极的数学学习情感。因而教师在教学中应采用多种多样、灵活的策略。

(一)有意识地创设生活化的教学情境而不是偏离学生经验背景的教学情境

在小学数学实践与综合应用的教学中应注意紧密联系学生生活实际,以帮助学生理解和掌握抽象的数学知识,将所学的数学知识与生活实际、社会实践联系起来,解决一些简单的实际问题,从而达到学以致用的目的。在小学第一学段,由于学生思维处于具体形象的阶段,很难把握好抽象的数学问题,因此需要教师为学生构建一个与其生活经验关联的学习情境。教师在教

学中应注意要找准知识的切入点,把握准教学目标,结合课堂实际,为学生创设良好的学习环境,让学生有充分的动脑思考、动手探索的机会,调动学生的学习积极性,使学生在有限的时间内,思维处于高度的运作状态,发挥自己最大的潜能。

(二)有计划地组织有趣的数学游戏而不流于形式

数学具有高度的抽象性、严密的逻辑性和应用的广泛性。小学生由于缺乏日常生活与社会实践经验,年龄小,往往感到数学很抽象,学起来十分枯燥。因此,通过游戏组织教学活动,使枯燥的知识变得更具趣味性,可以使学生喜欢数学,乐于去解决数学问题,从而使学生认识到数学来源于生活,生活又离不开数学知识,如此学习数学才能学得活,才能激发学生学习和解决数学问题的兴趣,激发学生思考与创造的源泉。总之,有计划地组织有趣的数学游戏,不仅使学生能够从实践中获取感性认识,加深对所学的概念、原理的理解,而且还能运用所学的知识解决实际问题。

(三)有目标地提供开放的学习环境而不是放任自流

综合与实践不同于常规课堂教学,教师应该给学生构建自由开放的环境。这里主要是指时间和空间的开放性。

1.教学空间的开放性——解放学生的学习,让他们去活动。数学课的许多教学内容的教学形式多样,所以在教室内的教学环境中,应注重空间灵活开放。学生桌椅可以根据不同的课型需要和学生的要求进行布置安放。可以是"秧行式""分组式",也可以是"会议式"。由于学生存在活动姿态不同,动作不一,以及方法不同等差异,学生进行操作的体位或站或坐或蹲。因此创设开放式的教学空间有助于学生放开手脚,进行自主的动手活动。

2.教学时间的开放性——解放学生的时间,让其做自己喜欢的事。数学课的技能目标可以通过小制作、小实验和社会调查、实践活动等形式去实现。有些活动项目或研究的时间要求较多,教学时间必须延伸到课外,让学生有比较宽松的时间完成课堂中无法完成的学习活动。如"调查家里每周塑料袋的使用情况,并做好记录,说说我们能为环保做些什么"?对于这类活动可以先让学生收集材料,然后再集体交流。可以让孩子利用假期的时间去找生活中的数学,利用课外时间感知、体验、经历学习数学的过程,培养应用数学的意识,增进对数学的喜爱,提高实践的综合性。

总之,对于低段的学生,应注重以培养学生学习兴趣为主,关注学生的身心发展特点。根据学生认知水平精心设计实践活动,让学生与其他同学通过努力能一起完成活动,从而达到促进学生积极思考、充分参与的目的。

第三节 小学数学综合应用的教学

一、教学中的常见问题

综合应用在小学数学阶段主要是综合所学的多种数学知识(知识与技能),用多种方法来解决较复杂的现实问题或新的数学问题。在这个过程中,一些重要的数学概念和数学思想应置于真实的问题情境中理解和形成,并在综合运用中得到提高。这部分内容主要针对有基础实践活动经验的中高段学生,即小学的第二学段学生(4~6年级学生),本学段学生的知识、能力、情感和态度与第一学段的学生相比都有了进一步的发展,教师应该充分利用学生已有的生活经验,引导学生把所学的数学知识应用到现实中去,以体会数学在现实生活中的应用价值。综合应用是培养学生主动探索与合作学习能力的重要途径,教师在教学过程中应培养学生应用数学的意识和综合运用所学知识解决问题的能力。

综合应用是指在学生已掌握了基础数学知识以及具备了简单的数学实践操作能力之后将数学知识运用于现实世界的过程,这一部分的教学要求相较于实践活动部分显然有所提高,因此,教师在教学时和学生在学习时都会遇到不少问题和困惑。

(一)教学目标的偏离

综合运用旨在引导学生综合运用所学知识,增强学生自主探究与合作的能力,然而在实际教学中,由于时间、空间或应试等各种因素的影响,教学目标发生偏离,如把综合运用认为是简单的知识复习整理课或者综合练习课,导致课堂上就是一些关于观察、实验的训练,以及直接的与生活实际相关的应用题集训,完全不能达到综合运用所学知识的目的及综合运用的能力标准。

(二)活动内容往往陈旧

有的教师紧扣书本内容,设计的综合实践课程往往不能拓展到课本之外,不能很好地辨别资源,难以选用有效的资源与教学主题。高年级学生生活的体验更丰富,他们综合实践的课程内容不能仅停留在书本知识上,这样会缺少数学与数学知识之间"鲜活"内容的联系。总之,综合运用不仅要在数学学科内学习,同时还要和其他学科交叉融合学习,体现出数学学科的现实意义。

(三)综合实践仍是浅层次的技能训练

数学实践活动课依然停留在浅层次的技能训练上,对学生的现实生活、社会实际关注不够,未能从根本上提高学生的综合能力,提升情感和价值观念。这主要是因为教师受到应试教育影响,始终不能完全放开让学生发挥,教师仍然在主导着整个活动课,学生只是在接受或者模仿,这样学生的思维及动手能力得不到长足的进步和发展。

二、教学策略初探

(一)教学要明确目标及活动意图

在新课程中,综合应用是全新的教学内容,主要培养学生综合应用能力。因此,在教学过程中,教师应重视综合与实践应用教学,明确课程教学目标,发挥其教育功能。由此,教师需要注意:①培养学生分析与解决实际问题的能力;②引导学生学习课本之外的知识;③注意各知识之间的密切联系。在小学数学教学过程中,数学教师需要认真研读教材,了解教材编写意图,明确活动目的,如活动需要运用哪些数学知识、需要解决哪些问题、学生可得到怎样的体验,安排好课内活动,并巧妙拓展至课外,合理组织课前、课中以及课后的学习内容等,然后精心设计活动内容,优选活动方法,使综合与实践应用学习更具多样性、趣味性与科学性。

(二)设计有意义、新颖的数学问题

第二学段的学生正面临向抽象思维过渡的阶段,他们具备一定的思考能力,因此教师应为学生提供有"生命"的材料,创造"提问"的条件,以激发学生的数学问题意识。有"生命"的材料是指现实的、有价值意义的教学内容,它具有新颖性、探究性等特征。《义务教育数学课程标准》中指出:"人人学有价值的数学。"学习有价值的数学从某种意义上说就是要学有用的数学,激发学生的学习欲望,学生有了学习欲望,才能积极投入地学习。"与其把马拉来让它饮水,不如让它口渴。"如果我们为学生提供有"生命"的教学内容,例如,智力竞赛、图形变换、数列规律、综合变式训练等,学生就会乐此不疲地去探究。教师也要强化数学与其他领域的联系,从而培养学生思维的深刻性、灵敏性,增强学生综合运用知识的能力、判断推理与抽象概括能力,提高学生的创造能力。

(三)教学要与现实生活和学生的实际生活紧密联系

综合与实践强调数学与现实生活的联系,因此在教学中,要紧密联系学生的生活实际,引导学生充分利用自己已有知识和生活经验去完成任务。在教学活动中需要创设现实的情境,把数学知识与学生生活环境、知识背景结合起来,引导学生富有兴趣地走进情境中,积极投入实践活动。如何才能使数学与现实生活紧密联系呢? 第一,要充分挖掘生活中的课程资源,尤其是结合当时、当地的新资源,开拓教材,丰富教学内容,丰富学生对数学知识的

认识和体验,使他们感受到数学就在身边,体会到数学在生活中的作用,对数学产生亲切感。第二,创设应用的条件,提供实践的机会,帮助学生正确运用数学知识解决日常生活中的实际问题。例如,学习了有关图形的面积、体积计算的知识后,让学生计算实际物体的面积或体积,如计算学校操场的面积、到实地计算土石方等,在班上或学校开展的各项活动中,引导学生提出数学问题、设计活动方案等。这样,学生在运用数学知识解决实际问题的过程中,既加深了对数学知识的理解,进一步体会到数学的作用,同时,在分析、解决问题过程中,学生各种思维的碰撞、各种方法的交流,也促进了学生的发展,培养了学生创新精神和实践能力。综合应用的一个重要目标,是让学生体会数学与现实世界的联系,树立正确的数学观,在现实生活中尝试从数学的角度运用所学的知识和方法去寻求解决问题的策略。

(四)突破教材和学科的限制

现代教育理论认为:教师在挖掘书本知识的同时,也要善于开发社会、自然等各领域的教育资源,将符号化、公式化的知识转化为实际的素材,让学生的生活经验成为教育教学中一个重要的资源、一笔宝贵的财富。例如,在教学中设计一个装修房间的实践活动,要求学生先测量房间的长、宽并计算出面积,再到市场上调查地砖的样式、质量、大小和价格,然后计算出所需要的块数,估算总价格,在此基础上,制定一个装修方案,最后比比谁的方案合理并且适用。在这个实践活动中,学生要用到口算、估算等有关计算的知识,要涉及面积等概念知识和调查统计方法,同时,这个实践活动与整个生活现实紧密联系在一起,学生在完成方案的过程中,可以了解许多家装的知识,开阔眼界。这样既突出了知识的综合应用,同时也锻炼了学生实际操作的能力,使他们感悟到数学在生活中的价值。

除了突破教材的限制,还应突破学科界限,这样才能以全新的视角全方位地审视社会生活,进而引导学生关注整个生活,使课堂数学成为生活数学、社会数学,从而走出基础教育分科主义的泥沼。对于高年级的学生来说,可以设计一些跟数学有关的文学方面的实践活动,在巩固学生数学知识的同时,还可以培养他们的文学素养。

例如,有教师在教学《文学中的数学》这一课时,是这样设计的:通过让学生欣赏他们在课前收集到的有趣的数字诗词、数字对联、数字成语,领略文学中蕴藏着的丰富的数学问题,体会数学知识在文学中的妙用。如"一去二三里,烟村四五家。亭台六七座,八九十枝花",勾勒出一幅令人心醉的山村风景画;"一片两片三四片,五片六片七八片。九片十片十一片,飞入草丛都不见",利用数数,使得全诗妙趣横生。

学生在收集资料的过程中,必定会对数学有全新的认识,用全新的视角看待数学,从而喜爱数学。

第四节 小学数学综合与实践的教学策略与实践

一、活动前,精心设计,提升综合与实践活动的有效性

教师要充分认识到综合与实践活动在小学数学教学中的重要性,将其作为数学课程的重要组成部分,精心设计,切实有效地开展综合与实践活动。首先,教师要根据小学生的认知特点,充分了解小学生对生活中的哪些问题感兴趣,从而确定好主题。其次,教师要精心设计活动环节,使学生能够全身心地投入到活动中。设计活动环节时,教师应对教材中涉及的知识进行整合与提炼,找出知识与生活实际之间的联系,帮助学生形成系统的知识结构。最后,教师要精心设计问题,使活动更具有针对性。教师要根据小学生的年龄特点、生活经验等设计出符合小学生思维特点和认知规律的问题。

二、活动中,主动参与,培养学生的合作意识

小学生正处于智力发展的黄金时期,教师要积极引导学生主动参与到综

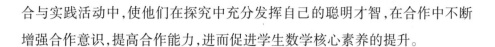

合与实践活动中,使他们在探究中充分发挥自己的聪明才智,在合作中不断增强合作意识,提高合作能力,进而促进学生数学核心素养的提升。

三、活动后,加强反思,提升学生的自我评价能力

小学数学综合与实践活动是一个动态的学习过程,学生在活动中获得的知识和技能,以及在活动中产生的情感体验和行为习惯都会不断地发生变化。因此,教师应引导学生及时对自己的活动进行总结反思,思考成功之处和不足之处,并不断改进学习方法,提高学习效果。同时,教师还要引导学生在数学活动中学会收集资料,并能对资料进行整理、归类、分析、归纳等,从而有效地提升学生的自我评价能力。

总之,小学数学综合与实践活动是一种全新的学习方式,为学生提供了一个开放的学习平台。教师要不断探索和创新教学策略,不断提高数学综合与实践活动的有效性。

四、加强实践体验,增强学生的问题意识

数学知识的学习是建立在实践的基础之上,数学综合与实践活动要紧密联系学生的生活实际,通过创设情境、动手操作、实践体验等方式,让学生在实践中发现问题、提出问题、分析问题和解决问题。只有这样,才能让学生在学习过程中真正领悟数学知识的意义,感受到学习数学知识的价值。因此,小学数学教师要引导学生加强实践体验,不断增强问题意识,提高自主学习能力,促进学生全面发展。

五、注重能力培养

在小学数学教学中,教师要注重对学生数学综合能力的培养,引导学生利用数学知识解决生活中的实际问题。同时,教师应转变教学观念,创新教学方式,通过开展综合与实践活动,培养学生的自主探究能力,促进学生全面发展。只有这样,才能提升小学数学的教学质量。

参考文献

[1]东洪平.小学数学教学与研究[M].兰州:兰州大学出版社,2020.

[2]范志勇.小学数学教学能力提升与策略研究[M].长春:吉林人民出版社,2022.

[3]黄敏著.小学数学有效教学策略研究[M].长春:吉林人民出版社,2022.

[4]李中杰.小学数学教学实践多视角研究[M].长春:吉林人民出版社,2022.

[5]刘静娴,姚畅.指向核心素养的小学数学教学探索与实践[M].长春:吉林教育出版社,2021.

[6]孙国春.小学数学教学设计[M].上海:复旦大学出版社,2019.

[7]汤强,高明.实践取向的小学数学教学研究[M].成都:西南交通大学出版社,2021.

[8]王娟.新课改下小学数学教学新视角[M].长春:吉林人民出版社,2019.

[9]王庄姬.小学数学教学实践与探索[M].福州:海峡文艺出版社,2021.

[10]张全齐.小学数学课程与教学[M].西安:陕西师范大学出版总社,2017.

[11]赵瑾.基于课程标准的小学数学教学设计指南[M].长春:吉林人民出版社,2020.